高职高专“十一五”规划教材

人际沟通与职业礼仪

李昌彧　主编
肖育发　主审

化学工业出版社
·北京·

本书分人际关系篇、沟通篇、礼仪篇共三篇九章。重点要求学生掌握并运用语言和非语言技巧，掌握职业场所的基本礼仪，创造和谐的人际关系。本书以学生为主体，构建人际沟通的理论体系和训练体系，培养学生人际沟通的良好态度，提高人际沟通的能力，协调人际关系。因此，本书注重实用，重点突出如何理解与实践，而不在于检验人际沟通的理论模型；书中设置大量思考、案例研究、学术材料和通俗材料，为读者有机会更周密地反思人际关系可能出现的问题，探索并建立良好的职业性的人际关系提供了便利。

本书可作为高职高专院校、中等职业学校学生掌握礼仪知识的教材，也可作为企业工人礼仪知识培训的参考教材。

图书在版编目（CIP）数据

人际沟通与职业礼仪/李昌彧主编．—北京：化学工业出版社，2010.8（2017.6重印）
高职高专“十一五”规划教材
ISBN 978-7-122-08982-3

Ⅰ.人… Ⅱ.李… Ⅲ.①人间交往-青少年读物 ②礼仪-青少年读物 Ⅳ.①C912.1-49②K891.26-49

中国版本图书馆CIP数据核字（2010）第123053号

责任编辑：蔡洪伟 姚晓敏　　文字编辑：何 芳
责任校对：陈 静　　装帧设计：王晓宇

出版发行：化学工业出版社（北京市东城区青年湖南街13号 邮政编码100011）
印 装：三河市延风印装有限公司
787mm×1092mm 1/16 印张 7¾ 字数 180 千字 2017年6月北京第1版第7次印刷

购书咨询：010-64518888（传真：010-64519686） 售后服务：010-64518899
网 址：http://www.cip.com.cn
凡购买本书，如有缺损质量问题，本社销售中心负责调换。

定 价：16.80元

编写人员名单

主　　编　李昌彧

副 主 编　纪惠如　陈海娥　张丽君　陈美璇

主　　审　肖育发

编写人员　（排名不分先后）

李昌彧　纪惠如　陈海娥　张丽君

陈美璇　苏明星　蔡素芬　吕倩倩

柯青兰　庄河静　林玲玲　陈　平

林碧云　张　波

前　言

沟通无处不在，无时不有。传播学有句名言：The quality of life is the quality of communication。石油大王洛克菲勒曾说："假如人际沟通能力也是同糖或咖啡一样的商品的话，我愿意付出比太阳底下任何东西都珍贵的价格购买这种能力。"由此可见沟通的重要性。现代社会，不善于沟通将失去许多机会，同时也将导致自己无法与别人协作。礼仪是塑造形象的重要手段，在社会活动中，交谈讲究礼仪，可以变得文明；举止讲究礼仪，可以变得高雅；穿着讲究礼仪，可以变得大方；行为讲究礼仪，可以变得美好……只要讲究礼仪，事情都会做得恰到好处。总之，一个人讲究礼仪，就可以变得充满魅力。

目前，有许多学生认为只要有专业技能就可以在职场游刃有余。其实，许多用人单位在招聘条件中最突出的就是要求有团队协作、礼貌诚信、善于沟通的能力，也就是说更看重招聘对象的沟通能力、礼仪素养。为适应广大同学就业和职业生涯发展的需要，我们组织一线富有教学实践经验的教师编写《人际沟通与职业礼仪》教材。

本书分人际关系篇、沟通篇、礼仪篇三篇共九章。本书重点要求学生掌握并运用语言和非语言技巧，掌握职业场所的基本礼仪，创造和谐的人际关系。

本书的教学体系是以学生为主体，构建人际沟通的理论体系和训练体系，培养学生人际沟通的良好态度，提高人际沟通的能力，协调人际关系。因此，本书注重实用，重点突出如何理解与实践，而不在于检验人际沟通的理论模型；书中设置大量思考、案例研究、学术材料和通俗材料，为读者有机会更周密地反思人际关系可能出现的问题，探索并建立良好的职业性的人际关系提供了便利。

《人际沟通与职业礼仪》由集美轻工业学校李昌彧担任主编，负责全书栏目策划以及统稿工作；由集美轻工业学校肖育发担任主审。集美轻工业学校纪惠如、陈海娥、张丽君，厦门工商旅游学校陈美璇担任副主编。参与本书编写的还有集美轻工业学校苏明星、庄河静、蔡素芬、吕倩倩、柯青兰、林玲玲，集美职业技术学校张波、林碧云，厦门市海沧区职业中专学校陈平。

由于编者水平有限，时间比较仓促，书中疏漏难免，恳请各位读者斧正。

编　者

2010 年 5 月

目　　录

第一篇　人际关系篇

第二篇　沟　通　篇

第三篇 礼 仪 篇

第一篇　人际关系篇

第一章　人 际 交 往

第一节　人际交往概述

一、人际交往及其特点

人际交往指人们运用语言或非语言符号交换意见、传达思想、表达感情和需要等的交流过程，包括物质交往和精神交往。马克思说：人是一切社会关系的总和。在社会关系中，交往是人的基本需要。通过人与人之间的接触，在相互联系中彼此传递信息，达到了解，产生相互影响，从而形成这样或那样的人际关系，所以人际交往是人际关系的起点。

人际交往具有以下几个基本特点。

1. 交往是信息的沟通

交往过程的首要方面就是交往双方的信息沟通。它是相互知觉和理解的基础。人们在共同活动中彼此交流的各种观念、思想、兴趣、情感等都可以看作是信息。沟通即信息传递的过程，信息不仅在传递，而且在形成、补充和发展。

2. 交往是人们的相互认知

人们在交往时不但进行信息沟通，还通过对方的外部资料形成一定的印象，并力图揭示其观念、态度、情感和行为动机等内在因素。这种交往过程中个人对人的知觉、理解和评价过程叫做人际认知。人只有认识和了解与之交往的对象，才有可能更可靠地确定和对方的实际关系，更好地预测与其共同活动的前景，并进一步表示自己对他的态度。

人际认知既是人际交往的前提，又是人际交往的结果。由人际认知，人们形成对他人的印象，对他人行为内在原因的推测，进而调节自己的行为并预见对方的行为，所以印象的形成和归因是构成人际认知的重要部分。

3. 交往是一种相互作用

人际交往的目的在于满足个人的种种动机。因此人们在与他人进行信息交流、了解对方时，还应透过彼此的交互作用来影响对方的态度，改变对方的行为以符合自己的愿望。人际互相作用的种类和方式很多，按交往者积极的程度标准，可将其分为感染、暗示、说服、模仿等。

二、人际交往的发展过程

1. 定向阶段

在人际交往中，人们对交往的对象具有很高的选择性。进入一个交往场合时，人们往往会选择性地注意某些人，而对另外一些人视而不见，或者只是礼貌性地打个招呼。对于注意到的对象，人们会进行初步的沟通，谈谈无关紧要的话题。在这个阶段，人们只有很表层的自我表露，例如谈谈自己的职业、工作、对最近发生的新闻事件的看法等。

2. 情感探索阶段

如果在定向阶段双方有好感，产生了继续交往的兴趣，那么就可能有进一步的自我表露，例如工作中的体验、感受等，并开始探索在哪些方面双方可以进行更深的交往。这时双方有一定程度的情感卷入，但是还不会涉及私密性的领域。双方的交往还会受到角色规范、社会礼仪等方面的制约。

3. 情感交流阶段

如果在情感探索阶段双方能够谈得来，建立了基本的信任感，就可能发展到情感交流的阶段，彼此有比较深的情感卷入，谈论一些相对私人性的问题，例如相互诉说工作、生活中的烦恼，讨论家庭中的情况等。这时，双方的关系已经超越了正式规范的限制，比较放松，比较自由自在，如果有不同意见也能够坦率相告，没有多少拘束。

4. 稳定交往阶段

这是人际交往的最高水平。情感交流如果能够在一段时间内顺利进行，人们就有可能进入更加密切的阶段，彼此允许对方进入自己绝大部分的私密性的领域，双方在心理上高度相容，成为亲密朋友，甚至成为“生死之交”，可以分享各自的生活空间、情感、财物等，自我表露更深、更广，相互关心也更多。一般来说，能够达到这种境界的关系相当少，这也就是人们常说的“人生难得一知己，千古知音最难觅”。

【阅读】 人际交往的七个技巧、二十四条处事小节

＊人际交往的七个技巧

1. 记住别人的姓或名，主动与人打招呼，称呼要得当。

2. 举止大方、坦然自若，使别人感到轻松、自在，激发交往动机。

3. 培养开朗、活泼的个性，让对方觉得和你在一起是愉快的。

4. 培养幽默风趣的言行，幽默而不失分寸，风趣而不显轻浮，给人以美的享受。

5. 心平气和，不乱发牢骚，不仅自己快乐、涵养性高，别人也会心情愉悦。

6. 注意语言的魅力，安慰受创伤的人，鼓励失败的人，恭维真正取得成就的人，帮助有困难的人。

7. 做处事果断、富有主见、精神饱满、充满自信的人，激发别人的交往动机，博得别人的信任，产生使人乐意交往的魅力。

＊二十四条处事小节

1. 长相不令人讨厌，如果长得不好，就让自己有才气；如果才气也没有，那就总是微笑。

2. 气质是关键。如果时尚学不好，宁愿纯朴。

3. 与人握手时，可多握一会儿。

4. 不必什么都用“我”做主语。

5. 不要向朋友借钱。

6. 不要“逼”客人看你的家庭相册。

7. 与人打“的”时，抢先坐在司机旁。

8. 坚持在背后说别人好话，别担心这好话传不到当事人耳朵里。

9. 有人在你面前说某人坏话时，你只微笑。

10. 自己开小车，不要特地停下来和一个骑自行车的同事打招呼。

11. 探望生病的同事时，很自然地坐在他病床上，回家再认真洗手。

12. 不要把过去的事全让人知道。

13. 尊重不喜欢你的人。

14. 对事不对人；或对事无情，对人要有情；或做人第一，做事其次。

15. 自我批评总能让人相信，自我表扬则不然。

16. 不要吝惜你的喝彩声。

17. 不要把别人的好视为理所当然。

18. 学会聆听。

19. 尊重传达室里的师傅及搞卫生的阿姨。

20. 有时要明知故问：你的钻戒很贵吧！有时，即使想问也不能问，比如：你多大了？

21. 话多必失，人多的场合少说话。

22. 把未出口的“不”改成：“这需要时间”、“我尽力”、“我不确定”、“当我决定后，会给你打电话”……

23. 不要期望所有人都喜欢你，让大多数人喜欢就是成功的表现。

24. 如果你在表演或者是讲演的时候，只要有一个人在听也要用心地继续下去，即使没有人喝彩也要演。

（参考：鬼才田七）

第二节　人际交往理论

一、社会交换理论

根据美国社会学家、心理学家霍曼斯的社会交换理论，人与人之间的交往，本质上是一个社会交换过程。这种交换不仅涉及物质的交换，同时还包括非物质品，如情感、信息、服务等方面的交换。人们如何看待与他人的关系，主要取决于人们对关系中回报与成本的评价和体验。社会交换理论认为，人们所知觉到的一段关系的正性或负性程度取决于自己在关系中所得到的回报、自己在关系中所花费的成本、对自己应得到什么样的关系和能够与他人建立一个更好关系的可能程度。总之，人们总是希望以最小的代价换取最大的回报。

人们对关系结果的评估是对成本和回报进行的直接比较，关注的是关系对人们是有盈余的（回报大于成本）还是亏空的（成本大于回报）。如果一段关系对某人来说总是亏空的，他往往会中止这种不平衡关系，反之亦然。

二、自我表露理论

所谓自我表露就是人们常说的“敞开心扉”，即把有关自我信息、内心思想和情感暴露给对方。良好的人际关系是在交往双方的自我表露逐渐增加的过程中发展起来的。

自我表露可以增加他人对你的喜欢。自我表露本身具有很强的象征性，它给对方一个强有力的信号：你对他相当信任，愿意有进一步的交往。当然，自我表露也必须注意分寸，过分的表露会让人不舒服。一般来说，表露的范围和深度是随着关系的发展而逐步增加的，对于不同的关系对象，在不同的发展阶段，自我表露的广度和深度明显不同。在非常亲密的朋友中，自我表露往往十分深入，达到所谓无话不说的地步。但是，需要注意的是，无论关系多么亲密，人们都可能存在不愿意暴露的领域，这就是所谓的“隐私”问题。在人际交往中，个人往往将部分隐私袒露给自己信任的亲友。除了隐私需要，人还有沟通的需求，需要向“知己”说一些知心话。亲密关系本身也要求人们坦诚相待。但是，这并不意味着关系亲密的人之间就不应该有任何隐私。只有隐私需求和沟通需求之间保持适度的平衡，亲密关系才能正常发展。

三、交往分析理论

交往分析理论又叫 PAC 理论，最初由法国心理学家伯恩提出。他认为，每个人的个性中都包括三种成分，就好像一个人身上的三个小我：父母、成人与孩童。

父母（parent，简称 P）身份以权威和优越感为标志。通常表现为统治人、训斥人等权威式的作风。当一个人的人格结构中 P 成分占优势时，他的行为表现为：凭主观印象办事，独断专行，滥用权威。这种人讲起话来总是：“你应该……”、“你不能……”、“你必须……”等。

成人（adult，简称 A）身份表现了客观与理智。其行为表现为：待人接物冷静、慎思明断，对自己负责，对他人尊重。其语言特征：“我个人认为……”、“我的想法是……”等。

孩童（child，简称 C）身份像婴儿的冲动，表现为服从和任人摆布，喜怒无常，感情用事，一会儿天真可爱，一会儿乱发脾气，让人讨厌。他的表现都是即兴的、不负责任的，追求享乐，玩世不恭，遇事无主见，逃避退缩，以自我为中心，不管他人。这种人讲起话来总是“我是……”、“我想……”、“我不知道……”、“我不管……”等。

在 P、A、C 三种成分中，P、C 具有盲目性、被动性与两面性，A 具有自觉性、客观性与探索性，致力于弄清事物真相、事物间的关系与变化规律，能够站在别人的角度审视自己，具有反省能力。

根据 PAC 理论，不同的心态可以构成不同的交往组合。当交往双方的相互作用构成一种平行关系时，交往就是可持续的，对话可无限制地继续下去。这种交往有 6 种具体形式：P-P、A-A、C-C、C-P、A-P、C-A。在这 6 种交往形式中，P-P 交往双方都自以为是，这不顺眼，那也不好，双方谈得很投机，但都在指责别人，这样的两个人一直在一起交往，久而久之，会互相助长偏激苛求的性格。C-C 交往则有些同流合污的味道，两人一拍即合，但都不负责任。C-P、A-P、C-A 交往，均属于互补型的交往，我期望对方的，刚好是对方回应的。这种交往因为互补，所以能够持续，但却潜藏着不平等与依赖，长此以往，也不利于交往双方的发展。只有 A-A 交往是最健康的，大家都本着负责与尊重的原则，力图合情合理地解决问题，因此，A-A 交往是最成功的。

【人际交往自测】

对下列各题作出“是”或“否”的选择。

序号	问　题	自测		参考答案
1	碰到熟人时会主动打招呼	是	否	是
2	常主动写信给友人表示思念	是	否	是
3	旅行时常与不相识的人闲谈	是	否	是
4	有朋友来访从内心里感到高兴	是	否	是

续表

序号	问　　题	自测		参考答案
5	没有人引见很少主动与陌生人谈话	是	否	否
6	喜欢在群体中发表自己的见解	是	否	是
7	同情弱者	是	否	是
8	喜欢给别人出主意	是	否	是
9	做事总喜欢有人陪伴	是	否	是
10	很容易被朋友说服	是	否	是
11	总很注意自己的仪表	是	否	是
12	约会迟到会长时间感到不安	是	否	是
13	很少与异性交往	是	否	是
14	到朋友家做客从不感到不自在	是	否	否
15	与朋友一起乘公共汽车不在乎谁买票	是	否	否
16	给朋友写信时常诉说自己最近的烦恼	是	否	是
17	常能交上新的知心朋友	是	否	是
18	喜欢与有独到之处的人交往	是	否	是
19	觉得随便暴露自己的内心世界是很危险的事情	是	否	否
20	对发表意见很慎重	是	否	否

对照参考答案，答对记 1 分，答错不记分。

将 1～5 题得分相加，其分数说明交往主动性水平。得分高说明交往偏于主动型，得分低则偏于被动型。

将 6～10 题得分相加，其分数说明交往支配性水平。得分高表明交往倾向于领袖型，得分低则偏于依从型。

将 11～15 题得分相加，其分数说明交往规范性程度。得分高意味着交往讲究严谨，得分低则交往较为随便。

将 16～20 题得分相加，其分数说明交往开放性程度。得分高表明交往偏于开放型，得分低则意味着倾向于闭锁型。

如果得分不是偏向最高分和最低分两个极端，而是处于中等水平，则表明交往倾向不明显，属于中间综合型的交往者。

第二章　人际关系

第一节　人际关系概述

人际关系是指社会人群中因交往而构成的相互联系的社会关系，属于社会学的范畴。中文常指人与人交往关系的总称，包括亲属关系、朋友关系、同学关系、师生关系、雇佣关系、战友关系、同事及领导与被领导关系等。人是社会动物，每个个体均有其独特之思想、背景、态度、个性、行为模式及价值观，人际关系对每个人的情绪、生活、工作有很大的影响，甚至对组织气氛、组织沟通、组织运作、组织效率及个人与组织之关系均有极大的影响。

人际关系定义有许多不同的表述，如：

① 人与人之间相互认知，因而产生的吸引或排拒、合作或竞争、领导或服从等关系。

② 在某一段时间里与某人经常保持的社会接触。

③ 人与人之间，相互交往的过程，借由思想、感情、行为表现的相互交流而产生的互动关系。

④ 个人与个人之间的互动关系，更广义的人际关系包含文化制度模式与过程方面亦是社会关系。

（资料来源：百度百科）

一、人际关系的含义与特征

人际关系可以说是人与人之间，在一段过程中，彼此借由思想、感情、行为所表现的吸引、排拒、合作、竞争、领导、服从等互动之关系。广义地说，亦包含文化制度模式与社会关系。

人际关系反映了个人或群体寻求满足其社会需要的心理状态，表明了人们在相互交往的过程中关系的深度、亲密性、融洽性和协调性等心理方面的联系程度。因此人际关系的变化和发展决定于双方社会需要从对方获得满意的程度。如果交往双方都获得了各自的社会需要的满足，会产生并保持接近友好的心理关系，反之则会引起疏远、回避甚至敌对的关系。

人际关系具有以下几方面的特征。

1. 个体性

人际关系的本质表现在具体个人的互动过程中。在人际关系中，“教师”与“学生”、“上司”与“下属”等角色因素退居到次要地位，而对方是不是自己所喜欢或愿意亲近的人成为主要问题。这就是人际关系的个体性特点的表现。

2. 直接可感性

人际关系是在人们直接的甚至是面对面的交往过程中形成的，它反映出他人满足其需要的心理状态，每个人都可以切实地感受到它的存在。一般来说，没有直接的交往和接触是不会产生人际关系的，而只要建立起某种人际关系，也一定为人们所直接体验到。

3. 情感性

人际关系的基础是人们彼此之间的情感活动。情感因素是人际关系的主要成分。人际间的情感倾向可以归结为两大类：一类是使人们互相接近或吸引的情感，即连属情感；第二类是使人们互相排斥和反对的情感，即分离的情感。

二、人际关系与人际交往

人际关系是在人际交往的基础上所形成的人与人之间的心理关系，它表现为人与人之间的心理距离，反映着人们寻求满足需要的心理状态。

人际交往是人际关系实现的根本前提和基础，也是人际关系形成的途径；而人际关系则是人际交往的表现和结果。两者的区别是人际交往侧重于人与人之间的联系与接触的过程，以及行为方式的程度等；人际关系侧重于在交往基础上所形成的心理状态和结果。从时间上看，人际交往在前，人际关系在后。人际交往是一个动态的过程，而人际关系则具有相对的稳定性。

三、人际关系的重要意义

1. 人际关系与个性发展

心理学研究结果表明，儿童与其照看者之间通过积极的交往形成的稳定的亲密关系，是其心理乃至身体正常发展不可缺少的条件。如果儿童缺乏与成人的正常交往及由此建立起来的亲密关系，不仅性格发展会出现问题，连智力也会出现明显障碍。

交往是个性发展与人格健全的必经之路。个体只有通过与其他个体发生联系，只有通过学习社会知识、技能与文化，才能取得社会生活的资格。离开社会的交往环境，离开与他人的合作，个体是无法成为一个合格的社会人的。“狼孩”由于失去了与他人交往的最佳时期，失去了其作为“人”的成长的环境，因而即使后来被发现，也已经很难成为一个正常的“人”了。

2. 人际关系与心理健康

卡伦·霍妮［美］《精神分析新法》认为，神经症是人际关系紊乱的表现。人类的心理病态，主要是由于人际关系失调。也就是说，人际关系紧张的人，不但事业会受阻，而且心情不好，陷入极大的痛苦之中。

心理学家研究表明，如果一个人长期缺乏与别人的积极交往，缺乏稳定的良好人际关系，那么这个人往往有明显的性格缺陷；健康的个性总是与健康的人际交往相伴随的。心理健康水平越高，与别人的交往就越积极，越符合社会的期望，与别人的关系也越深刻。个性成熟的人，都同别人有良好的交往与融洽的关系，他们可以很好地理解别人，容忍别人的不足和缺陷，能够对别人表示同情，具有给人以温暖、关怀、亲密和爱的能力。

3. 人际关系与成才

美国著名的心理学家和人际关系学家戴尔·卡耐基说：“一个人事业的成功，只有15%是靠他的专业技术，而85%是靠它的人际关系与领导能力。”毛泽东青年时代在湖南第一师范求学时，结交了十几个十分要好的朋友，如蔡和森、向警予等。他们经常相聚在橘子洲头、岳麓山下，一起研究学问，关注时事，探索救国之道，用“以天下为己任”相互勉励；一起游泳、爬山，在风雨中练习跑步，锻炼强健的体魄和坚强的毅力；一起办工友学校，做社会调查，深入民众……这些优秀的青年互相学习，互相启发，互为益友，激励革命的理想，摸索革命的理论，他们中的许多人后来都成了中国革命的栋梁之材。

第二节 人际关系产生的社会心理学基础

人际关系的形成过程是人们在人际交往中相互作用的结果，包括认知、动机、情感、态度和行为等成分。

认知是人际关系的前提，人与人的交往首先是从感知、识别、理解开始的，彼此之间不相认识、毫无所知，就不可能建立人际关系。

动机在人际关系中有着引发、指向和强化功能。人与人的交往总是缘于某种需要、愿望或诱因，无缘无故、彼此没有需要是不可能建立起真正的人际关系的。

情感是人际关系的重要调节因素，人们在交往过程中，总是伴随着一定的情感体验，如满意或不满意、喜爱或厌恶等，人们正是根据自身的情感体验不断调整人际关系。

态度在人际关系中具有重要意义，人们在交往中无时无刻不觉察到别人的态度，也无时无刻不对别人表现出某种态度。态度如何，直接影响人际关系的建立、形成和发展。

行为是人际关系的交往手段，在人际关系中，不论是认知因素、动机因素，还是情感因素、态度因素，都要通过行为即言谈举止、表情姿势等外部动作表现出来。

认知、动机、情感、态度及行为等心理因素的不同组合、相互作用，形成人际关系不同的思想基础、动机特征、感情色彩、态度倾向和行为方式，从而表现出人际关系的不同层次和发展水平。

研究表明，人们在将近 3/4 的非睡眠时间中都与他人在一起，只有在做家务、洗澡、听音乐或在家学习时才独自一人。与此相对应，当人们在学习或工作的时候，更倾向于和其他人在一起，并且和其他人在一起时，个体表现得更快乐、警觉和兴奋。人们为什么如此需要与他人相伴呢？关于人际关系的动机，心理学家对此作出了各种解释。

一、亲和需要

成就动机理论的主要代表人物阿特金森等人认为，影响人们的社会交往的动机有两种：一种是亲和需求，是一个人寻求和保持许多积极人际关系的愿望，即人们有需要和他人相伴的倾向；另一种是亲密需求，是人们追求温暖、亲密关系的愿望。

关于人的亲和需要，美国心理学家沙赫特有一个著名的实验。他设计了一个没有窗户但有空调的房间，里面除一张桌子、一把椅子、一张床、一个马桶、一盏灯外再无其他东西，一日三餐通过房门底的小洞口送入。谁能在这样的房间待上一天就能得到一笔可观的报酬，目的想测量一下人在这样与世隔绝的情景下能待上几天。五名大学生充当了被试，结果是其中一人只待了 20 分钟就受不了放弃了实验，有两个人待了 2 天，最长的一个被试者也只待了 8 天。这个探索性的研究表明，人对孤独的忍耐力是有差异的，但很难有谁能无止境地生活在孤独的环境里。

二、人际关系的报酬

随着成长，人们的社会需要变得越来越复杂和多样。人们会与那些在一起有乐趣、能够获得帮助、强有力的人形成关系，这些关系能够给人们带来好处。社会交换理论指出人们通过社会交换获得心理与物质酬赏，因此人们会尽量寻求并维持酬赏大于付出的人际关系。人们从关系中获得的好处是人际关系形成与维持的一个重要原因。

三、摆脱寂寞

人们与他人交往的第三个原因是为了摆脱寂寞。很多时候，寂寞是因生活变化使人们离开朋友或亲密伙伴而引起的。通常能够引起孤独感的情境包括搬到新的城市居住、离开学校、开始一份新工作、不能与朋友或心爱的人见面、结束一段重要的关系等。虽然有些情形中摆脱寂寞很困难，但大多数人最终能从情境造成的寂寞中恢复过来，重新建立满意的社会生活。不过，有些人长期受寂寞折磨，不受生活变化的影响，这被称为慢性寂寞，这些人的生理与心理健康都将受到影响。严重的寂寞与一系列个人问题相关，包括抑郁、酒精或毒品滥用、身体疾病、学业成绩差。可以说，从出生到死亡，很少有人逃过寂寞的困扰，这正反映了人们对社会关系的需要。摆脱寂寞的唯一方法就是建立人际关系以满足人类“联结”的基本心理需要。

第三节　保持良好人际关系的原则与途径

一、人际关系的基本原则

1. 交互原则

古人云：“爱人者，人恒爱之”，“己所不欲，勿施于人”“来而不往，非礼也”。交互原则是指交往双方在满足对方需要的同时，又得到对方的报答，双方的交往关系就能继续发展。如果一方只索取不给予，交往就会中断。互利性越高，交往双方的关系就越稳定、密切；互利性越低，交往双方的关系就越疏远。人际间的互利包括物质和精神两方面。

2. 回报原则

美国社会学家和心理学家霍曼斯提出，人与人之间的交往，本质上是一个社会交换过程。这种交换不仅涉及物质的交换，同时还包括非物质品，如情感、信息、服务等方面的交换。人们如何看待与他人的关系主要取决于人们对关系中回报与成本的评价和体验。人们总是希望以最小的代价换取最大的回报。

3. 尊重原则

尊重包括自尊和尊重他人两个方面。自尊就是在各种场合自重自爱，维护自己的人格；尊重他人就是重视他人的人格、习惯与价值，尤其是隐私的尊重。尽管由于主观、客观因素的影响，人与人在气质、性格、能力、知识等方面存在差异，但在人格上是平等的。只有尊重他人才能得到他人的尊重。

4. 诚信原则

真诚待人是人际交往中最有价值、最重要的原则。以诚待人是人际关系得以延续和深化的保证。美国一位心理学家曾列出555个描写人品的形容词，让大学生说出最喜欢哪些、最不喜欢哪些，结果学生评价最高的品质是真诚；在8个评价最高的形容词中，有6个和真诚有关，即真诚、诚实、忠诚、真实、信赖和可靠；而评价最低的品质中，虚伪居首位。在交往中，只有彼此抱着心诚意善的动机和态度，做到言必信、行必果，相互理解、接纳、信任，才能使人际关系得到巩固和发展。

5. 宽容原则

宽容表现在对非原则问题不斤斤计较，能够以德报怨。在人际交往中难免会遇到一些不愉快的人和事，要学会宽容，学会克制和忍耐。宽容、克制并不是软弱、怯懦的表现；相反，它是有度量的表现，是建立良好人际关系的润滑剂，能“化干戈为玉帛”，赢得更多的朋友。苏轼说得好：“匹夫见辱，拔剑而起，挺身而出，此不足为大勇也。天下有大勇者，猝然临之而不惊，无故加之而不怒，此其所挟持者甚大，而其志甚远也。”

6. 理解原则

相互理解是人际沟通、促进交往的条件。理解不等于知道和了解，不仅要细心了解他人的处境、心情、特性、好恶、需求等，还要根据彼此的情况，主动调整或约束自己的行为，尽量给他人以关心、帮助和方便，多为他人着想，处处体恤别人。

二、建立良好的人际关系

1. 克服社会知觉中的偏差

社会知觉中的偏差，包括首因效应与近因效应、晕轮效应、刻板效应、定势效应、投射效应等，在处理人际关系中要注意加以避免和克服。

(1) 首因效应　个体在社会认知过程中，通过“第一印象”最先输入的信息对客体以后的认知产生的影响作用。

(2) 近因效应　与首因效应相反，指交往中最后一次见面给人留下的印象，即交往过程中，个体对他人最近、最新的认识占了主体地位，掩盖了以往形成的对他人的评价。

(3) 晕轮效应　指个体对他人的认知判断首先是根据个人的好恶得出的，然后再从这个判断推论出认知对象的其他品质的现象。

(4) 刻板效应　又称定型效应，指人们用刻印在自己头脑中的关于某人、某一类人的固定印象，作为判断和评价人依据的心理现象。

(5) 定势效应　指以前的心理活动会对以后的心理活动形成一种准备状态或心理倾向，从而影响以后心理的活动。

(6) 投射效应　指以己度人，认为自己具有某种特性，他人也一定会有与自己相同的特性，把自己的感情、意志、特性投射到他人身上并强加于人的一种认知障碍。

2. 塑造良好的个人形象，增进个人魅力

良好的个人形象应从点滴开始，从善如流，“勿以善小而不为，勿以恶小而为之”。一方面应加强自我训练，提高自身的心理素质，以积极的态度进行交往；另一方面，要丰富自己的内心世界，培养自己的个性，拓展自己的内涵，从仪表到谈吐，从形象到学识，多方位提高自身的人际魅力。

3. 善用交际技巧

好的交际技巧包括换位思考、善用赞扬和批评、移情、主动交往等，善用交际技巧对建立良好的人际关系非常重要。以帮助与相互帮助开端的人际关系，人与人之间的心理距离可以迅速缩短，使良好的人际关系迅速建立起来，“患难之交”正说明这点。

4. 人际冲突的建设性处理

每个人都希望生活充满阳光，都希望友谊天长地久，都希望人情温馨美好，但生活总是现实的，人与人之间的冲突是在所难免的。如何避免人际冲突的发生及人际关系的破裂，则需要认清人际冲突或分歧的本质，并学会建设性地处理分歧或冲突，可以有效地减少人际关系恶化和破裂的发生。

(1) 冲突在所难免　人际交往中，人际冲突是一种常见的现象。由于每个人有其不同于其他人的经历，有自己独特的情感、理解和利益背景，因此，人与人之间出现不一致或冲突是不可避免的。无论什么样的关系，也无论交往的双方关系有多么深刻、情感有多么融洽，都可能出现冲突。因此，在处理人际关系过程中，应对可能出现的冲突有所准备。

（2）冷静理性是关键　预计冲突是为了正确了解冲突，并建设性地处理冲突，避免在冲突中付出不必要的更大代价。一般情况下，如果一个人在毫无准备的情况下被直接卷入冲突，那么在整个冲突过程中仍然保持冷静的理性是十分困难的。人是情绪化的动物，在人过于激动的时候，思维会受到明显的干扰，很难保持对事情的正确判断。在激情之中作出对人际关系有害乃至犯罪行为的事是经常性的。然而，在实际生活中，更多的人际冲突都是可以避免的。学会用移情的方式去体验别人为什么会像他所想的那样言行，可以有效地帮助人们正确理解别人，避免判断的错误，也可以防止发生不恰当的体验和行为。对于已经发生了的冲突，如果处理得当，就事论事，往往不会给人际关系带来太大危害。

三、在校学生如何处理好师生、父母、同学之间的关系

1. 师生关系

处理好师生关系的基本要求是，学生要尊师重教，教师要以人为本、爱生如子。

尊师重教，最早见于《礼记·学记》：“凡学之道严师为难。严师然后道尊，道尊然后民知敬学。”意思是说，在教育问题上，难得的是尊师。只有尊重教师，才能重道，才能使人重视学习、重视教育。

尊师是中华民族的传统美德。我国古代就十分重视老师的作用，强调要从师、尊师。韩愈《师说》中指出：“古之学者必有师，师者所以传道、授业、解惑也。人非生而知之者，孰能无惑？惑而不从师，其为惑也，终不解矣。”毛泽东对他的老师徐特立始终深怀敬意，在写给徐老六十寿辰的贺信中这样说：“徐老同志，你是我二十年前的先生，你现在仍然是我的先生，你将来必定还是我的先生”，这是我们尊师的典范。

2. 与父母的关系

子女要赡养和尊敬老人，是每个人的家庭伦理道德义务。赡养和尊敬老人不仅包括物质生活的内容，而且包括精神生活的内容，包括对老人有礼貌，虚心向老人学习，尊重老人意见，关心老人身心健康等。

中国传统家庭美德的一个突出方面是孝敬父母。“孝”是中国最古老的道德原则之一，是儒家最基本的道德要求，在中国传统道德中占有特殊的地位。自孔子开始，孝德便被当作“仁之本”，“百行孝为先”成了千百年来人们所奉行的一条道德原则。我们常讲：“生我者父母”。我们每一个人的成长都离不开父母。因此，孝敬父母是我们应有的真挚感情和高尚品德，也是每个公民的社会责任和义务。孟子就提出了“老吾老以及人之老”的崇高道德思想，主张要敬重自己的父母和老人，同时也要去敬重别人的父母和老人。

3. 同学关系

建立和谐的同学关系应注意以下几个方面。

（1）要热情交往　人际关系是互动的，不要总是消极地等待别人来主动关心自己，而要主动地与周围的同学交往沟通。在同学中，他们或开朗、或深沉，或含蓄、或坦率，或豁达、或慎重，其个性是丰富多彩、千差万别的。因此，在交往中要克服“以我为中心”的倾向，要学会做个有心人，善于体察别人的心境，主动关心他人，采取不同的方式使对方感受到善意和温暖。只有将心比心，换位思考，以诚换诚，才能达到心灵的沟通和情感的

共鸣。

(2) 要理解尊重　每个人都有自己的气质和性格特点，都有不同的成长背景和生活习惯，所以在与同学交往的过程中，如果能互相理解、尊重，大家的关系就容易融洽，也会减少不必要的摩擦。

(3) 要以诚相待、宽容谅解　人与人的交往，最重要的就是真诚和善意，这也是做人的根本原则。口是心非、虚伪傲慢的人是难以有朋友的。社会的复杂性导致个性的丰富性，这必然引起个体之间冲突的加剧，要与周围的人保持良好的人际关系，就必须学会求同存异，具备宽宏豁达的心理品质，就必须多为别人着想，做到以诚相待。当然，做一个宽宏豁达的人是有一定难度的，但在日常的生活、交往中一定要注重这种品质的培养，以求更好地适应生活、适应社会。

(4) 要互相帮助　积极帮助同学能够树立起较高的威信。当同学处于困难之中，应该伸出友爱之手，主动地帮助同学解决困难，即使无法帮助解决，愿意倾听同学对自己困难或痛苦的诉说，这也是帮助。所以，应该有助人为乐的思想，积极帮助同学，共同进步。

(5) 要注重自身人格塑造和能力的培养　一个品质好、能力强的人或具有某些特长的人更容易受到人们的喜爱。人们欣赏他的品格、才能，因而愿意与之接近，成为朋友。所以，若想要增强人际吸引力，更友好、更融洽地与他人相处，就应充分健全自己的品格，施展自己的才华，表现自己的特长，使自己的品格、能力、才华不断提高。

【人际关系测验】

请你根据自己的实际情况，认真考虑下列问题，从所给备选答案中选出最符合你的一项。

1. 每到一个新的场合，我对那里原来不认识的人，总是：

A. 能很快记住他们的姓名，并成为朋友。

B. 尽管也想记住他们的姓名并成为朋友，但很难做到。

C. 喜欢一个人消磨时光，不太想结交朋友，因此不注意他们的姓名。

2. 我所以打算结识人交朋友的动机是：

A. 我认为朋友能使我生活愉快。

B. 朋友们喜欢我。

C. 能帮助我解决问题。

3. 你和朋友交往时持续的时间多长：

A. 很久，时有来往。

B. 有长有短。

C. 根据情况变化，不断弃旧更新。

4. 你对曾在精神上、物质上诸多方面帮助过你的朋友总是：

A. 感激在心，永世不忘，并时常向朋友提及此事。

B. 认为朋友间互相帮助是应该的，不必客气。

C. 事过境迁，抛在脑后。

5. 在我生活中遇到困难或发生不幸的时候：

A. 了解我情况的朋友，几乎都曾安慰帮助我。

B. 只是那些很知己的朋友来安慰、帮助我。

C. 几乎没有朋友登门。

6. 你和那些气质、性格、生活方式不同的人相处的时候总是：

A. 适应比较慢。

B. 几乎很难或不能适应。

C. 能很快适应。

7. 对那些异性朋友、同事：

A. 我只是在十分必要的情况下才会去接近他们。

B. 我几乎和他们没交往。

C. 能同他们接近，并正常交往。

8. 你对朋友、同事们的劝告、批评总是：

A. 能接受一部分。

B. 我几乎和他们没有交往。

C. 很乐意接受。

9. 在对待朋友的生活、工作诸多方面我喜欢：

A. 只赞扬他（她）的优点。

B. 只批评他（她）的缺点。

C. 因为是朋友所以既要赞扬他的优点，也要指出不足或批评他的缺点。

10. 在情绪不好、工作很忙的时候，朋友请求我帮他（她）：

A. 找个借口推辞。

B. 表现不耐烦断然拒绝。

C. 表示有兴趣，尽力而为。

11. 我在穿针引线编织自己的人际关系网时，只希望把这些人编入：

A. 上司、有权势者。

B. 只要诚实，心地善良。

C. 与自己社会地位相同或低于自己的人。

12. 当生活、工作遇到困难的时候：

A. 向来不求助于人，即使无能为力时也是如此。

B. 很少求助于人，只是确实无能为力时，才请朋友帮助。

C. 事无巨细，都喜欢向朋友求助。

13. 你结交朋友的途径通常是：

A. 通过朋友们介绍。

B. 在各种场合接触中。

C. 只是经过较长时间相处了解而结交。

14. 如果你的朋友做了一件使你不愉快或使你伤心的事：

A. 以牙还牙也回敬一下。

B. 宽容，原谅。

C. 敬而远之。

15. 你对朋友们的隐私总是：

A. 很感兴趣，热心传播。

B. 从不关心此类事情，甚至想都没想过，即使了解也不告诉旁人。

C. 有时感兴趣，传播。

评分标准：

试　题	答　案		
	A	B	C
1	1	3	5
2	1	3	5
3	1	3	5
4	1	3	5
5	1	3	5
6	3	5	1
7	3	5	1
8	3	5	1
9	3	5	1
10	3	5	1
11	5	1	3
12	5	1	3
13	5	1	3
14	5	1	3
15	5	1	3

得分与评价：

15～29 分：你有很好的人际关系。

30～57 分：有些方面你注意一下就可以了。

58～75 分：你需要改善与人交往的方式啦。

第二篇 沟 通 篇

第三章 沟 通 概 述

第一节 沟通的基本概念

一、沟通的定义

1. 沟通的字面理解

沟通源自于拉丁文的 communicate，原意是“分享”；英文是 communication，表示公开、公众、让大家都知道的意思；此外，亦含有传播、传达、通讯、联络、磋商、对话、谈判的意思。中文“沟通”一词则造得妙。沟是水沟的“沟”，通则是通畅、疏通的“通”。沟通的本义是指开沟使两水相通。“沟通”就好比“通沟”——政府和人民之间的“管道”不通畅，有了民怨，要沟通；公司与职员之间有了“鸿沟”，造成“劳资纠纷”，要沟通；父母与子女之间有了“代沟”，产生“叛逆”，要沟通。“沟通”就是“通沟”，把不通的管道打通，让“死水”成为“活水”，彼此能对流、能了解、能产生共识。

2. 中外学者对沟通的解释

对于什么是沟通，众说纷纭，中外学者关于沟通的定义达一两百种之多。应该说，每种定义都从某个角度揭示了沟通的部分真理。

如《大英百科全书》认为，沟通就是“用任何方法，彼此交换信息。即指一个人与另一个人之间用视觉、符号、电话、电报、收音机、电视或其他工具为媒介，所从事之交换消息的方法。”

《韦氏大辞典》认为，沟通就是“文字、文句或消息之交通，思想或意见之交换。”

拉氏韦尔认为，沟通就是“什么人说什么，由什么路线传至什么人，达到什么结果。”

决策学派管理学家西蒙认为，沟通“可视为任何一种程序，组织中的一成员，将其所决定意见或前提传送给其他有关成员。”

美国学者桑德拉·黑贝尔斯、里查德·威沃尔在《有效沟通》一书中，则将沟通定义为“沟通是人们分享信息、思想和情感的任何过程。这种过程不仅包含口头语言和书面语言，也包含形体语言、个人的习气和方式、物质环境，即赋予信息含义的任何东西。”

管理学中的沟通指信息凭借一定符号载体，在个人或群体间从发送者到接受者进行传递，并获取理解的过程。

3. 沟通的定义

纵观以上表述，尽管各有侧重，但都包含了沟通的基本特征。因此我们就沟通过程所具有的最基本特征，给出沟通的定义。

沟通是为达到一定的目的，将信息、思想和情感在个人或群体间进行传递与交流的过程。

从沟通的定义中，可看出它包含了以下四层意思：第一，沟通首先是信息的传递；第二，信息不仅要被传递到，还要被充分理解；第三，有效的沟通并不是沟通双方达成一致的意见，而是准确地理解信息的含义；第四，沟通是一个双向、互动的反馈和理解过程。

二、沟通的过程

从表面上看，沟通似乎是简单的信息传递。但是实际上，沟通包含着更深层次的复杂过程。图 3-1 为沟通过程示意图。

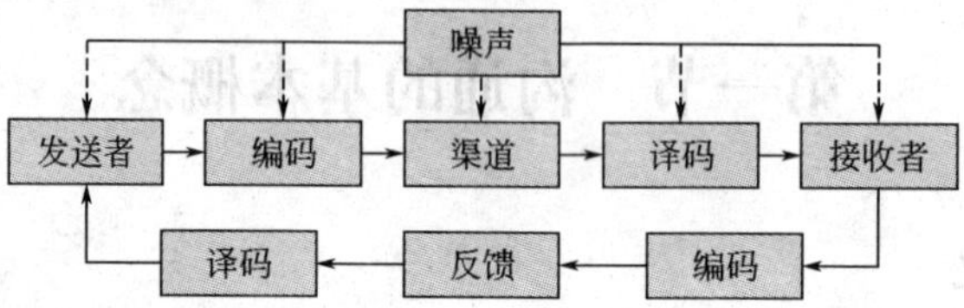

图 3-1　沟通过程示意图

沟通的过程，由于多种因素影响，事实上确实非常复杂，经过不断努力，一些专家已经总结出了沟通过程的一般模型，并将沟通过程恰当地分解成为沟通过程八大要素，它们分别是信息 1、编码、渠道、译码、信息 2、噪声、反馈、背景。

1. 编码与译码

编码是发送者将其信息与意义符号化，编成一定的文字等语言形式或其他形式的符号。

译码则恰恰与之相反，是接收者在接收到信息后，将符号化的信息符号还原为信息与意义，并理解其信息内容与含义的过程。完美的沟通应该是：发送者的信息 1 经过编码与译码两个过程后，形成的信息 2 与信息 1 完全吻合，也就是说，编码与译码完全“对称”。因此，发送者在编码过程中必须充分考虑到接收者的经验背景，注重内容、符号对于接收者来说的可读性；而接收者在译码过程中也必须考虑到发送者的经验背景，这样才能更准确地把握发送者意欲表达的真正意图，正确全面地理解收到的信息的本来意义。

2. 渠道

沟通需要有沟通的渠道。渠道是由发送者选择的、借由传递信息的媒介物。如口头交流时所采用的口头语言表达形式就是其沟通渠道；当人们在发电子邮件进行沟通交流时，电子邮件即是其沟通渠道；有时人们不用语言表达，而只通过脸或者身体其他部位的一个小动作，就能传达发送者的意见或意思，这时身体语言就是其沟通渠道。

沟通渠道的选择对于沟通的成功十分重要，不同的信息内容与不同的条件要求不同的渠道，公司的战略决策就不宜通过口头形式而应采用书面正式文件作为渠道。有时人们同时或先后使用两种或多种沟通渠道进行沟通。如，先口头沟通，然后书面跟进。由于各种沟通渠道都有各自的特点和利弊，因此，往往要因时因地因人制宜，正确选择恰当的沟通渠道。事实上，在各种沟通渠道中，口头沟通仍然是最有效、最常用的。即使是在通讯技术高度发达的今天，口头渠道仍然不减其重要性。就连美国总统大选，候选人也总是尽可能多地利用口头渠道进行沟通，如周游全国，亲自在公众面前演讲甚至答问。

3. 反馈

完整的沟通过程包括了信息的成功传送与反馈两个过程。没有反馈的沟通过程容易出现沟通失误或失败。反馈是指接收者把收到并理解了的信息返回发送者，以便发送者对接收者是否正确理解了信息进行核实。为了检验信息沟通的效果，即接收者是否正确、完美、及时地接收并理解了所需要传达的信息，反馈是必不可少和至关重要的。在没有得到反馈以前，信息发送者无法确认信息是否已经得到有效的编码、传递、译码与理解。如果反馈显示，接收者接受并理解了信息的内容，这种反馈称之为正反馈，反之则称为负反馈。

4. 背景

沟通事实上总是在一定的背景中发生的。任何形式的沟通，都会受到各种环境因素的影响。在上级办公室与在公众场所，采用的沟通方式是存在重大区别的。从某种意义上讲，沟通既是由沟通主体双方把握的，也是由背景环境共同控制的。一般认为对沟通过程发生影响的背景因素包括以下几项。

① 心理背景：指沟通双方的情绪和态度。

② 物理背景：指沟通发生的场所，会对人们的沟通造成巨大影响。如在一个五星级酒店里，人们会不自觉改变或调整自己的沟通行为。

③ 社会背景：指沟通主体双方的社会角色关系，与对沟通间接发生影响的其他个体或人群关系。对不同的社会角色，当然应该有不同的沟通方法与模式。如上级可以拍你的肩头，但反过来则要慎重。

④ 文化背景：由于不同文化背景的人在一起工作，文化冲突问题增多，文化背景的重要性不言而喻。

5. 噪声

噪声是指干扰沟通正常进行的任何因素。沟通的每一要素出现的干扰现象都会影响信息的传送效果。

三、沟通的形式

按照沟通所用的信息载体和传送渠道不同，可以将沟通分为语言沟通和非语言沟通两大形式。

1. 语言沟通

语言是一定社会约定俗成的符号系统。人们运用语言文字和语言声音为载体，进行信息交流，传递思想、情感、观念和态度，达到沟通目的的过程，叫做语言沟通或言语沟通。我们用得最多的是语言，语言沟通是人际沟通中最重要的一种形式，大多数的信息编码都是通过语言进行的。语言沟通又可分为口头语言、书面语言及电子数据语言三大类。

① 口头语言沟通是人们最常用的一种沟通形式。口头语言沟通可以直接地、及时地交流信息、沟通意见。这个过程取决于由“说”和“听”构成的语言沟通情境，说者在沟通过程中积极地对信息进行编码，然后输出信息；同时，听者也要积极地思考说者提供的信息，进行信息译码，从而理解信息源所发送的信息，将它们储存起来并对信息源做出反应。

② 在间接沟通过程中，书面语言用得比较多。书面语言沟通又可细分为正式文件、备忘录、信件、公告、留言便条、内部期刊、规章制度、任命书等多种具体形式。书面语言沟通的好处是它不受时空条件的限制，还有机会修正内容，并便于保留，所以沟通的信息不容易造成失误，沟通的准确性和持久性都较高。同时，由于人们通过阅读接受信息的速度通常高于通过听讲接受信息的速度，因而在单位时间里的书面语言沟通的效率会较高。但是，书面语言沟通往往缺乏信息提供者的背景资料，所以对目标靶的影响力不如口头语言沟

通高。

③ 在现代社会，随着电子与信息技术的发展，电子数据语言沟通成为重要的语言沟通形式。所谓电子数据语言是指将图表、图像、声音、文字等书面语言性质的信息通过电子信息技术转化为电子数据进行信息传递的一种沟通方式。它的主要特点和优势是可以将大量信息以较低成本快速地进行远距离传送。按照电子数据采用的具体设施和工具、媒介不同，电子数据沟通又可细分为电话沟通、电视沟通、网络沟通、多媒体沟通等形式。

2. 非语言沟通

非语言沟通是指通过某些媒介而非语言文字来传递信息。非语言沟通与语言沟通在效果上是互相补充的。有人认为，在人所获得的信息总量中，语词的只占7%，声音的占38%，而来自于身体语言、主要是面部语言的信息大约占55%。

非语言沟通形式主要包括身体语言、副语言和物体操纵（道具沟通）三种。

(1) 身体语言沟通　指通过动态的目光、表情、手势等身体运动、姿势、空间距离、衣着打扮等人体形式来传递信息的沟通形式（在第四章第二节详述）。

(2) 副语言沟通　指通过非词语的声音，如重音、声调、哭、笑、停顿、语速等来传递信息的沟通形式。副语言在沟通过程中起着重要作用，它告诉我们在什么背景下什么人在对什么人说什么。例如，与一个小孩子、老人或外国人说话，是缓慢的、细心的；轻声小心地讲话表示我们面前出现了一个高地位的人。

【训练】 以下句子以不同的重音、停顿、语速来表达会有什么样的效果？

①“我没说他偷了我的钱。”

②“男人没有女人恐慌。”

(3) 物体操纵　即道具沟通，则是人们通过物体的运用、环境布置等方式来传递信息的沟通形式。

【资料】 心理咨询室的布置

心理咨询室的每个房间都留有窗子，或在墙壁上设置一些假窗或类窗型灯箱，造成开阔的室外自然景观，满足咨询者对窗口的心理要求，减少对封闭空间的压抑感；尽可能放一些盆栽，体现高雅、亲切、宜人的性格；在咨询室的室内设计中，一般采用暖色（例如米黄色）的色调，使咨询室显得温馨、亲切，以使咨询者感觉松弛、安全、平和、凉爽；咨询者和咨询老师的座椅之间有一定角度，避免与咨询老师直接面对面，都是属于道具沟通。

【案例】 李鸿章与伊藤博文

当年李鸿章代表清朝到日本与伊藤博文谈《马关条约》时，在谈判席上，伊藤博文设计的位子就非常巧妙：李鸿章坐的位子对面就是窗户，窗户外面就是日本的下关海峡。海面上有9艘兵舰在那里一直冒烟，表示升火待发。伊藤博文用意很明显：《马关条约》如果谈不成，这9艘兵舰就从天津打到北京，这种道具沟通的方式就给李鸿章很大的压力。

虽然非语言符号在人际沟通中起着很大的作用，但是非语言符号系统在使用时具有较大的不确定性，它往往与沟通情境，与沟通者的地区、身份、年龄、性别、地位等有关。如手势表达的意思不仅有所不同，而且有的大相径庭。所以，非语言沟通符号在使用过程中一定要注意内容、气氛、条件等因素。一般情况下，非语言符号系统的使用总是与语言沟通交织在一起的。

此外，语言与非语言信息有时是冲突的，所以要想知道哪个信息是“真的”是很难的。一般来说，人们能够很好地掌握语言的信息内容，但对非语言的信息内容就很难掌握。例如，撒谎就可以通过非语言线索加以伪装。可见，要了解对社会敏感观点的潜在态度，应该重视分析非语言信息。

随着互联网的普及和电子信息技术的发展，电子邮件、短信、即时通信（包括 MSN、QQ 等）成为了人们沟通的新方式；3G 可视电话则开启了沟通的新时代，2010 年上海世博会甚至展示了 4G 技术。这些新的沟通方式，其优点在于方便、快捷，不受时空限制等；但缺点也很明显，即这种沟通方式因为不是面对面交流，沟通双方无法获得对方的说话语气、表情等非语言沟通信号，可能导致沟通信息的失真，造成的结果很可能是沟通非但没有达到解决问题的目的，反倒令矛盾激化。所以，沟通方式的增加以及新的沟通方式的方便快捷，并不代表把传统的沟通方式放弃。多种选择应该是为更顺利的沟通服务的。这就要求人们在处理不同的事情时，要考虑用哪种沟通方式更有利于解决问题。只有正确地运用了沟通的方式，才能达到想要的结果。比如，在确定业务分工、职责权限、正式授权等重要事情时，切忌停留在口头表达，而必须以文字明确记录下来。

【思考】

某部队刘师长亲自将任命李宏为副团长的委任状交给李宏，临走时又拍拍李宏的肩膀说：“小伙子，好好干，前途无量。”请问刘师长在这个过程中用了什么沟通形式？你所知道的沟通形式还有哪些？

第二节　沟通的基本原则

沟通并不是一种本能，而是一种能力。沟通不是一个永久有效的进程。要达成有效的沟通，就必须遵循一定的原则。只有坚持这些基本原则，沟通才能及时、准确、有效。

一、诚信

诚信是交往的第一原则。真诚沟通，指的是沟通时要真心实意、态度诚恳、不虚伪做作。诚信是一种崇高的道德情感，是为人处世的根本，是与人沟通的先决条件。

【故事】 陈嘉庚“替父还债”

1903 年，陈嘉庚先生父亲经营的事业破产，欠下 30 多万元的债务，产业、房屋抵偿后，还有 10 万元无力偿还。陈嘉庚先生毅然承担起父亲的债务。可是新加坡的法律规定：“父债子免还”。但以信誉为重的陈嘉庚却立志还清欠款。当时有人说他“傻”，但他说：“中国人取信于世界，决不能把脸丢在外国人面前！”经过 4 年的努力，终于筹齐钱款，找到当年的债主，替他父亲还清欠下的债款。陈嘉庚重义轻财、替父还债，在华侨界树立信守诺言、言信行果、诚信果毅的良好形象，奠定了他一生事业成功的基础。

二、不批评、不责备、不抱怨

卡耐基曾说：“当一个人受到批评、责备时，是一个危险时刻！”

如果在沟通时说了不该说的话，对别人提出了批评、责备、抱怨，往往要花费极大的代价来弥补，正所谓“一言既出、驷马难追”、“病从口入，祸从口出”，甚至还可能造成无可弥补的终生遗憾！所以沟通不能够信口雌黄、口无遮拦。尤其是批评、责备、抱怨、攻击，这些都是沟通的“刽子手”，只会使事情恶化。下棋讲余味，做人要宽容，要给双方都留有余地。留给别人的余地也是留给自己的。

【故事】

美国前总统林肯年轻时，喜欢评论是非，还经常写信、写诗讽刺别人。有一次，他又写了一封匿名信讽刺当地的政客。当事人十分气愤，终于要求与之决斗。要不是在最后一刻，有人出来圆场做和事佬，美国历史上可能就少了一位重量级的人物。

林肯后来谨记教训，终其一生。他把一句话当座右铭：“你不论断他人，他人就不会论断你。”

三、宽容

宽容是沟通的桥梁。心理学家指出：适度的宽容，对于改善人际关系和身心健康都是有益的；不会宽容别人，亦会殃及自身。过于苛求别人或苛求自己的人，必定处于紧张的心理状态之中。宽容地对待对手，在非原则的问题上，以大局为重，会得到退一步海阔天空、化干戈为玉帛的喜悦。

【故事】

古时候，一个丞相的管家准备修一座后花园，希望花园外留一条三尺之巷。可邻居是一名员外，他说那是他的地盘，坚决反对修巷。管家立即修书京城，看到丞相回信后的管家放弃了原计划，员外颇感意外，执意要看丞相的回信。原来丞相写的是一首诗：

千里家书只为墙，让他三尺又何妨。
万里长城今犹在，不见当年秦始皇。

员外深受感动，主动让地三尺，最后三尺之巷变成了六尺之巷。

四、尊重

只有给予对方尊重才能沟通；若对方不尊重你时，也要适当请求对方的尊重，否则很难沟通。你怎样对待别人，别人就会怎样对待你。

【故事】

一个过路人到加油站问路，并打探前边镇子的人怎样。加油站职员反问他从前往的镇子怎样，过路人回答“糟透了”。职员于是说：“我们这个镇子的人也一样。”随后，第二个人驾车来到这里，并问了相同的问题，当驾车人回答说他们原来镇子人很友好后，职员说：“我们这个镇子的人完全一样。”

人际关系就是善意关系。人是三分理智、七分感情的动物。士为知己者死，行为孕育行为。你对我友善，我对你也友善；如果你不友好，我也不可能友好地对待你——这就是心理学的互惠关系定律。

五、赞赏

美国实用主义哲学家威廉·詹姆斯说：“人类本质中最殷切的需求是渴望被肯定。”

不懂得欣赏别人，较少合作，较多算计，结果大家谁也不开心。博弈论中著名的“囚徒的困境”推论告诉我们，在多数情况下，双方合作比双方背叛好，做得好的关键不在于征服对方，而在于引导合作。

成功学家安东尼指出：成功的第一步就是先存一颗感激的心，时时对自己的现状心存感激，同时也要对别人为你所做的一切怀有敬意和感激之情。如果你接受了别人的恩惠，不管是礼物、忠告或帮忙，你应该向对方表达谢意。就是那些当选的领导人，也总是要拿出一些时间去答谢曾经支持和帮助过他们的人或组织，过河拆桥的人是走不远的。

无数的事实证明，及时回报他人的善意且不嫉妒他人的成功，这不仅会赢得必要而有力的支持，而且还可以避免陷入不必要的麻烦。嫉妒别人不仅难以使自己“见贤思齐”、虚心向善，而且也会影响自己的心情和外在形象，更主要的是，这会使自己失去盟友和潜在的机遇，甚至还会树立强敌——因为一般来说，被别人嫉妒的人应该不会是弱者，心怀妒忌，他也不会对你太客气。

六、关心

美国著名教育专家内尔·诺丁斯博士撰写过一本书——《学会关心：教育的另一种模式》。这本书的主题是“关心”。作者在引言中说：“关心和被关心是人类的基本需要。”关心，是一种问候与帮助别人的表达方式，是一种发自内心的真挚情感。沟通上说的关心就是关注他人的状况，关注他人的需求，关注他人的痛苦。学会了关心就等于学会了做人，学会了生存，沟通就会顺畅。

【故事】

在美国IT界，当员工工作到晚上时，老板会派按摩师来帮他们按摩。而且知道学理工的人通常不爱讲话，人与人之间感情比较淡，所以公司允许员工在办公室摆上他的玩具，允许员工在办公室里面铺上地毯穿上拖鞋，允许员工在地下室里面尽情地发泄……

七、微笑

谚语云：“伸手不打笑脸。”笑容所以珍贵，因为那是内心的热忱的流露。凯瑟琳·迪佛利在其所著的《黄金服务15秒》中提到：员工和顾客接触的时间至少有15秒，只要把握住这“关键的15秒”，就能留住顾客。

八、理性

不理性常常无好话，既理不清，也讲不明，只有争执的份，不会有结果，更不可能有好结果，所以这种沟通无济于事。尤其在情绪中，很容易冲动而失去理性，如：吵得不可开交的夫妻、反目成仇的父母子女、对峙已久的上司下属……尤其是不能够在情绪中做出情绪性、冲动性的“决定”，这很容易让事情不可挽回，令人后悔！

【阅读】 有效沟通的“7C原则”

美国著名的公共关系专家特立普、森特在他们合著的被誉为“公关圣经”的著作《有效的公共关系》中提出了有效沟通的“7C原则”。

① credibility：可信赖性，即建立对传播者的信赖。

② context：一致性（又译为情境架构），指传播须与环境（物质的、社会的、心理的、时间的环境等）相协调。

③ content：内容的可接受性，指传播内容须与受众有关，必须能引起他们的兴趣，满足他们的需要。

④ clarity：表达的明确性，指信息的组织形式应该简洁明了，易于公众接受。

⑤ channels：渠道的多样性，指应该有针对性地运用传播媒介以达到向目标公众传播信息的作用。

⑥ continuity and consistency：持续性与连贯性，指沟通是一个没有终点的过程，要达到渗透的目的，必须对信息进行重复，但又须在重复中不断补充新的内容，这一过程应该持续地坚持下去。

⑦ capability of audience：受众能力的差异性，指沟通必须考虑沟通对象能力的差异(包括注意能力、理解能力、接受能力和行为能力)，采取不同方法实施传播才能使传播易为受众理解和接受。

上述“7C 原则”基本涵盖了沟通的主要环节，涉及传播学中控制分析、内容分析、媒介分析、受众分析、效果分析、反馈分析等主要内容，极具价值。这些有效沟通的基本原则，对人际沟通来说同样具有不可忽视的指导意义。

第三节 现代社会人际沟通与礼仪的重要性

“人是社会关系的总和”。人总是生活在各种各样的社会关系中，如家庭关系、邻里关系、同乡关系、同学关系、师生关系等，都是不可回避的。亚里士多德说：“一个人不跟别人打交道，他不是一个神就是一个兽”。所以，生活中处处有沟通，沟通处处影响人们的生活。

礼仪则是在沟通过程中待人接物的行为规范。一个人能否与周围人进行有效沟通，这和他处理人际关系和人际交往的能力，和他的仪表风度、待人接物的礼仪等方面给人的某一侧面或整体印象有很大关系。如果一个人衣着得体、言谈举止谦恭有礼，就能够给人留下积极而美好的第一印象。在沟通中给予对方良好的第一印象能够产生移情作用，赢得周围人的尊重，有利于沟通目标的实现。相反，不礼貌的语言和举止会使沟通无法进行下去，更不要谈达到沟通的目标了。

一、礼仪是沟通的开始

中国是传统的礼仪之邦。礼仪，是中华传统美德宝库中的一颗璀璨明珠，是中国古代文化的精髓。

回顾历史，礼仪教育在中华民族古代教育中占有突出和重要的位置。我们的老祖宗曾旗帜鲜明地提出“不学礼，无以立”(《论语·季氏》)，包括孔子在内的许多古代大教育家围绕礼仪著书立说，形成了一套内涵丰富的庞大的理论体系。但是我们不得不承认，在日常学习、生活中，有相当一部分人待人接物缺乏基本的礼仪常识和“不拘小节”。殊不知，看似无足轻重的小事，就有可能给人留下一个深刻的印象。这印象，可能使你被人误解或遭人怨恨，失去朋友，失去很多很多，最终影响沟通的顺利进行。

对青年学生来讲，在学校学习期间，要与老师、同学沟通，因为学习掌握就业技能也离不开与社会的沟通。礼仪不仅是获得老师、同学信任的基础，也是将来走向工作岗位、立足社会的基本要求。在就业形势日益严峻的形势下，对青年学生的个人素质提出了更高的标准和更加具体的要求，言谈儒雅、服饰得体、仪表端庄、神态大方，必然更能得到用人单位的青睐。

二、沟通不仅是一门艺术，还是一门科学

从上面的分析，我们知道，礼仪不仅是文明的外化，也是沟通的开始，甚至可以说礼仪是沟通技巧。从某种意义上讲，沟通已经不仅是一种职业技能，更是一种生存方式；沟通能力的大小，决定了人们工作和生活的状态。尽管沟通与礼仪如此重要，但生活中沟而不通的情形比比皆是，其原因就是生活中大多数人的沟通是依靠想当然，缺乏对沟通基本规律、基本礼仪的必要了解。

《孙子兵法》云："上兵伐交，中兵伐谋，下兵伐城"。

前微软中国区总裁唐峻在一次访谈中，当被问及管理者最重要的工作时，只回答了两个字"沟通"。

国际知名未来学家约翰·奈斯比特［美］说："未来竞争将是管理的竞争，竞争的焦点在于每个社会组织内部成员之间及其与外部组织的有效沟通上。"

美国著名学府普林斯顿大学对10000份人事档案进行分析，结果发现，"智慧"、"专业技术"和"经验"只占成功因素的25%，其余75%决定于良好的人际沟通。

管理学界有两个"70%"法则：第一个70%，是指管理者实际上70%的时间用在沟通上。第二个70%，是指有关研究表明，管理中70%的错误是由于不善于沟通造成的。

以上都强调人与人之间交往和沟通的必要性和重要性。

【故事1】

古代有一个"以礼问路"的故事，说的是有位从开封到苏州去做生意的人，在去苏州的路上迷失了方向，在三岔路口上犹豫不定。忽然，他看见附近水塘旁边有一位放牛的老人，就急忙跑过去问路："喂，老头！从这里到苏州走哪一条路呀？还有多少路程呀？"老人抬头见问路的是一位三十多岁的人，因为他没有礼貌，心里头很反感，就说："走中间的那条路，到苏州大约还有六七千丈远的路程。"那人听了奇怪地问："哎！老头，你们这个地方走路怎么论丈而不论里呀？"老人说："这地方一向都是讲礼（里）的，自从这里来了不讲礼（里）的人以后，就不再讲礼（里）了！"

【故事2】

某公司要招聘一名勤杂工，广告一经刊出，就有50多人前来应聘。最后，公司选中了一个很不起眼的男孩。有人很不理解，便问人事经理："比这男孩儿强的大有人在，可你为什么偏偏喜欢这个男孩儿呢？"

经理笑了笑说：当这男孩儿看见一位比自己年龄大的人前来应聘时，他赶紧起身让座；进门之前，他在门口的那块脚踏毯子上先蹭掉脚上的泥土，以免踩脏了屋里的地面；进了我的办公室之后，他先摘下帽子，然后，微笑着彬彬有礼地回答我的各种提问。我认为，当一名勤杂工能有"文明、礼貌、卫生"这么三个过硬的素质，比什么熟人的推荐都要强得多……

【故事3】

《圣经·旧约》上说，人类的祖先最初讲的是同一种语言，日子过得非常好。后来人们决定修建一座可以通天的巨塔。由于人们沟通流畅、准确，大家就心往一处想、劲朝一处

使，高高的塔顶不久就冲入云霄。

上帝得知此事，又惊又怒，认为人们能建起这样的巨塔，日后还有什么办不成的事情呢？于是，上帝决定让人世间的语言变成好多种，各种语言里又有很多种方言。这么一来，造塔的人言语不通，沟通经常出现误会、错误，巨塔就再也无法建造了。

在现代社会，沟通不仅是人际交流的基础，而且是个人社会成功的基本前提。个人的事业成功在很大程度上受到社会环境的影响，只有在充分认识并依从环境特征的同时被特定环境所接受，个人才能充分施展自己的才华，实现自己的社会价值。与社会环境，特别是社会人文环境的相互接受在很大程度上取决于个人能否与环境或环境中的其他社会成员有效地沟通。

可见，沟通就像阳光和空气一样，是我们生命中不可缺少的元素。在现代社会，沟通是十分重要的。沟通不仅是一门艺术，还是一门科学。

第四章　塑造有效的沟通

沟通是人际交流的重要工具。实际上，工作中所面临的最大挑战就是如何与人沟通以及沟通的效果如何。一个人即使具备丰富的专业知识和较强的管理技能，如果缺乏沟通能力，会给自己带来许多意想不到的困难，是很难取得成功的。

在信息时代，市场竞争的加速使沟通能力显得尤为重要。我们每天都在沟通，但很多人几乎是有沟没有通。

从沟通结果上讲，存在有效沟通与无效沟通两种。所谓有效沟通就是成功的沟通，通过有效沟通与交流可以达到一种和谐，一种境界。单位要通过沟通与交流看到员工在不断地变化和成长，员工要通过沟通与交流看到单位的美好未来，二者要通过有效沟通与交流产生一种思想共鸣，形成一种共同的愿景。因此，有效沟通是正确决策的前提和基础，是统一思想和行动的工具，是建立良好人际关系的关键。

本章从“听、说、动”几个环节探讨有效沟通的技巧。

第一节　人际沟通的语言技巧

一、有效倾听

美国心理学家斯坦纳说：“在哪里说得愈少，在那里听到的就愈多。”

倾听可能是人际沟通中最被低估的部分，但实际上，倾听是克敌制胜的法宝，倾听别人说话可以说是有效沟通的第一个技巧。成功的管理者，通常也都是最佳的倾听者。

我们先看看“听”字的繁体写法：聽，反映出听的真谛——

一个“耳”字，听自然要用耳朵听；

一个“心”字，一心一意，很专心地去听；

“四”像横过来的“目”，代表眼睛，倾听时眼睛要看着对方；

“耳”下方还有个“王”字，要把说话的人当成王者对待。

因此，倾听不仅是耳朵听到声音的过程，而且是一种情感活动，需要通过面部表情、肢体语言和话语的回应，向对方传递一种信息：我很想听你说话，我尊重和关怀你。

【故事】

古时曾经有个小国的人到中国来，进贡了三个一模一样的金人，把皇帝高兴坏了。可是这个小国的人同时出一道题目：这三个金人哪个最有价值？皇帝想了许多办法，请来珠宝匠检查，称重量，看做工，都是一模一样的。怎么办？使者还等着回去汇报呢。泱泱大国，不会连这点小事都不懂吧？最后，有一位退位的老大臣说他有办法。皇帝将使者请到大殿，老臣胸有成竹地拿着三根稻草，插入第一个金人的耳朵里，这稻草从另一边耳朵出来了；第二个金人的稻草从嘴巴里直接掉出来；而第三个金人，稻草进去后掉进了肚子，什么响动也没有。老臣说：第三个金人最有价值！答案正确。使者哑口无言。

最有价值的人，不一定是最能说的人。倾听，是取得智慧的第一步；有智慧的人都是先听再说。善于倾听，是成熟的人最基本的素质。老天给我们两只耳朵、一个嘴巴，本来就是让我们多听少说的。医学研究表明，婴儿的耳朵在出生前就发挥功用了。

【思考】 面对一个在你面前滔滔不绝的演讲者，你没有任何插话的机会，这样的人你会喜欢他吗？当你的交谈对象一直善于倾听你的观点，而且时不时与你做些交流互动，这样的人你会觉得他是个好伙伴吗？

【自检】 测试一下你的非语言交际能力如何？

按照下列标准，给每个项目打分：1 从不；2 有时；3 通常如此；4 总是如此。

问　题	得分
我在听人说话的时候保持不动，不摇晃身体，不摆动自己的脚，或者表现出不安	
我直视对方	
我关心的是讲话者在说什么，而不是担心我如何看待这个问题或者自己的感受如何	
欣赏时我很容易笑和显示出活泼的表情	
当我听时，我能完全控制自己的身体	
我以点头鼓励讲话者	
总分	

说明：得分大于 15 分，你的非语言技巧非常好；10～13 分，处于中间范围，应该要有一定的改进；低于 10 分，那么请认真学习倾听技巧吧。

（一）倾听的好处

1. 解决问题

倾听对管理者至关重要。当员工明白自己谈话的对象是一个倾听者而不是一个等着做出判断的管理者时，他们会不隐瞒地给出建议，分享情感。这样，管理者和员工之间能创造性地解决问题，而不是互相推诿、指责。

2. 获得信息

倾听有利于了解和掌握更多的信息。对方说话的过程中，你不时地点点头，表示你非常注意、非常认同他的讲话内容，可以使他受到鼓舞，满足自尊心，减轻压力，使他在一种从容中得到说下去的鼓励。对方觉得自己的话有价值，也就会更为充分、完整地表达他的想法，这正是沟通所需要的效果。同时通过倾听对方的讲话，推断对方的性格、工作经验、工作的态度，借此在以后的工作中有针对性地进行沟通。

【故事】

销售部的小郭近来工作业绩不理想，常常迟到、请假。销售部的肖经理找小郭谈话："小郭，最近工作感到怎么样？"小郭避开经理的眼睛，低下头说："还可以。""真的吗？"肖经理继续问，"怎么近来总迟到？上个月的销售额也完成得不好啊。"小郭看了一眼经理，"哎，我这个月努力吧。""有没有什么问题？"肖经理想知道究竟，"没什么……"小郭欲言又止，肖经理鼓励道："有什么困难就讲出来，千万别放在心里。"小郭看了一眼经理，又说了起来，"上个月……"，小郭谈了十几分钟，肖经理明白了。

多听对方的意见有助于发现对方不愿意表露的或者没有意识到的关键问题。从中发现对方的出发点和弱点，找出关键点，这样就为你说服对方提供了契机。

3. 建立信任

心理研究显示，人们喜欢善听者甚于善说者。

实际上，人们都非常喜欢发表自己的意见。所以，如果你愿意给他们一个机会，让他们尽情地说出自己想说的话，他们会立即觉得你和蔼可亲、值得信赖。许多人不能给人留下良好的印象，不是因为他们表达得不够，而是由于倾听的障碍。

【故事】

美国的一家大公司有一位销售经理，他对该行业的特点一窍不通。当推销员需要他的忠告时，他却不能告诉他们什么——因为他什么都不懂！但尽管如此，这个人却懂得如何去倾听。因此，不论别人问他什么，他总是回答："你认为该怎么做?"于是推销员会提出方法，他点头同意。最后，推销员总是能够满意地离去，心里还想着，这位经理真是了不起！

4. 化解冲突

倾听也是化解冲突、处理抱怨的最佳方法之一。

日常生活中有冲突，不分青红皂白，针锋相对，只能使矛盾激化。只要用心来倾听对方的理由，用心来倾听自己的失误，就能在彼此理解的基础上化解矛盾。

【故事】

巴顿将军为了显示对部下生活的关心，有一次突然袭击检查士兵食堂。

在食堂里，他看见两个士兵站在一口大汤锅前。

"让我尝尝这汤!"巴顿将军向士兵命令道。

"可是，将军……"士兵正准备解释。

"没什么'可是'，给我勺子!"巴顿将军拿过勺子喝完一大口，对士兵怒斥道："太不像话了，怎么能给战士喝这个？这简直就是刷锅水!"

"报告将军，我正想告诉您这是刷锅水。"士兵答道。

5. 促进沟通

倾听架起沟通的桥梁，倾听是一种非常重要的沟通技巧。倾听需要时间与耐心，沟通本身就是一个需要时间的过程，也是一个需要耐心的过程。在与人沟通的过程中，耐心倾听，让事情更加具体化，能减少很多的不愉快；耐心倾听，更能促进人与人之间的和谐与沟通。所以倾听是沟通的基础，倾听拉近距离，沟通促进和谐。

【故事】

某位名人向美国汽车推销之王乔·吉拉德买车。吉拉德推荐了一种最好的车型给他。那人对车很满意，眼看就要成交了，对方却突然变卦而去。乔·吉拉德为此事懊恼了一下午，百思不得其解。到了晚上11点他忍不住打电话给那人："您好！我是乔·吉拉德，今天下午我曾经向您介绍一款新车，眼看您就要买下，却突然走了。这是为什么呢?"

"你真的想知道吗?"

"是的!"

"实话实说吧，小伙子，今天下午你根本没有用心听我说话。就在签字之前，我提到我的儿子吉米即将进入密执安大学读医科，我还提到他的学科成绩、运动能力以及他将来的抱负，我以他为荣，但是你毫无反应。"

【思考】 乔·吉拉德失败的原因是什么呢?

（二）倾听的技巧

1. 消除外在与内在的干扰

外在和内在的干扰，是妨碍倾听的主要因素。因此要改进倾听技巧的首要方法就是尽可能地消除干扰。必须把注意力完全放在对方的身上，才能掌握对方的肢体语言，明白对方说了什么、没说什么，以及对方的话所代表的感觉与意义。

2. 鼓励对方先开口

首先，倾听别人说话本来就是一种礼貌，愿意听表示我们愿意客观地考虑别人的看法，这会让说话的人觉得我们很尊重他的意见，有助于我们建立融洽的关系，彼此接纳。

其次，鼓励对方先开口可以降低谈话中的竞争意味。倾听可以培养开放的气氛，有助于彼此交换意见。说话的人由于不必担心竞争的压力，可以专心掌握重点，不必忙着为自己的矛盾之处寻找遁词。

最后，对方先提出自己的看法，倾听者就有机会在表达自己的意见之前，掌握双方意见一致之处。倾听可以使对方更加愿意接纳你的意见，让你再说话的时候，更容易说服对方。

3. 使用并观察肢体语言

当我们在和人谈话的时候，即使我们还没开口，我们内心的感觉，就已经透过肢体语言清清楚楚地表现出来了。听话者如果态度封闭或冷淡，说话者很自然地就会特别在意自己的一举一动，比较不愿意敞开心胸。另一方面，如果听话的人态度开放、很感兴趣，那就表示他愿意接纳对方，很想了解对方的想法，说话的人就会受到鼓舞。而这些肢体语言包括：自然的微笑，不要交叉双臂，手不要放在脸上，身体稍微前倾，常常看对方的眼睛，点头等。

4. 非必要时，避免打断他人的谈话

善于听别人说话的人不会因为自己想强调一些细枝末节、想修正对方话中一些无关紧要的部分、想突然转变话题，或者想说完一句刚刚没说完的话，就随便打断对方的话。经常打断别人说话就表示我们不善于听人说话，个性激进、礼貌不周，很难和人沟通。

虽然说打断别人的话是一种不礼貌的行为，但是如果是“乒乓效应”则是例外。所谓的“乒乓效应”是指听人说话的一方要适时地提出一些切中要点的问题或发表一些意见感想，来响应对方的说法。还有一旦听漏了一些地方或者是不懂的时候，要在对方的话暂时告一段落时，迅速地提出疑问之处。

5. 听取关键词

所谓的关键词，指的是描绘具体事实的字眼，这些字眼透露出某些讯息，同时也显示出对方的兴趣和情绪。透过关键词，可以看出对方喜欢的话题，以及说话者对人的信任。

另外找出对方话中的关键词，也可以帮助我们决定如何响应对方的说法。我们只要在自己提出来的问题或感想中加入对方所说过的关键内容，对方就可以感觉到你对他所说的话很感兴趣或者很关心。

6. 反应式倾听

反应式倾听指的是重述刚刚所听到的话，这是一种很重要的沟通技巧。我们的反应可以让对方知道我们一直在听他说话，而且也听懂了他所说的话。但是反应式倾听不是像鹦鹉一样，对方说什么你就说什么，而是应该用自己的话，简要地述说对方的重点。比如说“你说你住的房子在海边？我想那里的夕阳一定很美”。反应式倾听的好处主要是让对方觉得自己很重要，能够掌握对方的重点，使对话不至于中断。

7. 弄清楚各种暗示

很多人都不敢直接说出自己真正的想法和感觉，他们往往会运用一些叙述或疑问，百般暗示，来表达自己内心的看法和感受。但是这种暗示性的说法有碍沟通，因为如果遇到不良的听众，他们话中的用意和内容往往被人所误解，最后就可能会导致双方的失言或引发言语上的冲突。所以一旦遇到暗示性强烈的话，就应该鼓励说话的人再把话说得清楚一点。

8. 抓住重点

当我们和人谈话的时候，可以在心里回顾一下对方的话，整理出其中的重点所在。我们必须删去无关紧要的细节，把注意力集中在对方想说的重点和对方主要的想法上，并且在心中熟记这些重点和想法。找出对方话中的重点，并且把注意力集中在重点上面，这样我们才比较容易从对方的观点了解整个问题，就不会因为没听到对方话中的重点或是错过主要的内容，而浪费了宝贵的时间，或者做出错误的假设。

9. 回顾与总结

暗中回顾并整理出重点，可以帮助我们继续提出问题。如果我们能指出对方有些地方话只说到一半或者语焉不详，说话的人就知道，我们一直都在听他讲话，而且我们也很努力地想完全了解他的话。如果我们不太确定对方比较重视哪些重点或想法，就可以利用询问的方式，来让他知道我们对谈话的内容有所注意。

10. 接受说话者的观点

要及时给对方以回应，表达感受，比如说："非常好，我也是这样认为的。"这也是一个非常重要的倾听技巧。如果无法接受说话者的观点，那可能会错过很多机会，而且无法和对方建立融洽的关系。尊重说话者的观点，可以让对方了解，我们一直在听，而且也听懂了他所说的话，虽然不一定同意他的观点，但是还是很尊重他的想法。若是我们一直无法接受对方的观点，我们就很难和对方彼此接纳，或共同建立融洽的关系。

（三）有效倾听的四个层次

"倾听"往往被当作"听见"，这是一种误解。作为听者，人们一般只有35%的效率。缺乏有效的倾听，往往导致错失良机，产生误解和冲突，或者因问题没有及时发现而导致危机。

按照影响倾听效率的行为特征，倾听可以分为四种层次。一个人从层次一成为层次四倾听者的过程，就是其沟通能力、交流效率不断提高的过程。

层次一：心不在焉，听而不闻

在这个层次上，听者完全没有注意说话人所说的话，假装在听，其实却在考虑其他毫无关联的事情，或内心想着辩驳。他更感兴趣的不是听，而是说。这种层次上的倾听，导致的是关系的破裂、冲突的出现和拙劣决策的制定。

层次二：不求甚解

人际沟通实现的关键是对字词意义的理解。不求甚解、选择性倾听会错过讲话者通过语调、身体姿势、脸部表情所表达的意思。这将导致误解、错误的举动、时间的浪费和对消极情感的忽略。另外，因为听者是通过点头同意来表示正在倾听，而不用询问澄清问题，所以说话人可能误以为所说的话被完全听懂理解了。

层次三：专注地听

这一层次表现出"主动式"、"回应式"的倾听。这种倾听者在说话者的信息中寻找感兴趣的部分，这是获取新的有用信息的契机。

【故事】

美国知名主持人林克莱特采访一名小朋友，“你长大后想要当什么呀？”小朋友天真地回答：“我要当飞机的驾驶员！”林克莱特接着问：“如果有一天，你的飞机飞到太平洋上空所有引擎都熄火了，你会怎么办？”小朋友想了想说：“我会先告诉坐在飞机上的人绑好安全带，然后我挂上降落伞跳出去。”当在现场的观众笑得东倒西歪时，林克莱特继续注视这孩子，想看他是不是自作聪明的家伙。没想到，接着孩子的两行热泪夺眶而出，这才使得林克莱特发觉这孩子的悲悯之情远非笔墨所能形容。于是林克莱特问他说：“为什么要这么做？”小孩的答案透露出一个孩子真挚的想法：“我要去拿燃料，我还要回来！”

层次四：同理心倾听

倾听的最高层次就是“同理心倾听”。

同理心是指一个人设身处地地为对方着想，理解对方的情绪，感同身受地体会他人的处境及感受。通俗地说，就是换位思考，将心比心，站在对方的立场上思考问题，赢得对方的好感。

同理心的倾听的出发点是为了“了解”而非为了“反应”，也就是透过交流去了解别人的观念、感受与内心世界。当我们能用同理心去倾听别人说话时，自然可以提供对方心理上的极大满足与温馨，这时你才能集中心力去解决问题或发挥影响力、领导力。

同理心和同情是有差别的，同情掺杂了价值观的认同。有时，人际关系的确需要多一份同情，但却易养成对方的依赖心。同理心则不代表认同，而是要深入了解对方的感情与理智世界。它不必以己度人，也不必费心猜测。倾听只是为了理解，是心和心的深刻交流。

【故事1】

汤姆是来自一个贫穷人家的孩子，家里有六个兄弟，安迪则是一个家境富裕的医生的孩子。

心理学家叫两个孩子看一幅图画，画里是一个小兔子坐在餐桌旁边哭，兔子妈妈则板着面孔站在一旁，于是心理学家叫他们把画中的意思说出来。汤姆立刻说：“小兔子为什么在哭，是因为它没吃饱，还想要东西吃，但是家里的东西已经没有了，而兔子妈妈也觉得很难过。”“不是这样的，”安迪接着说，“它不是没吃饱在哭，而是因为它已经不想再吃东西了，但它妈妈强迫它非吃不可。”

【思考】 汤姆和安迪为什么会有截然相反的解释？

【故事2】

有个超级富豪，年轻的时候却是个一无所有的流浪汉。这个青年随着淘金大军来到了西部的一个偏僻小镇，得到了镇长的热情接待。

这时候正是春雨绵绵的时候，镇长门前的小路一片泥泞。路过的人们为了图方便，都从镇长家门前的花圃穿过，花圃里的花草被踩得乱七八糟。青年非常生气，正要上前去劝阻人们别走花圃。这时候只见镇长挑了一担煤渣过来，马上就把泥泞不堪的路铺好。

于是人们都自觉地从更干净方便的大路上行走，没人再从花圃绕行了。这时候，镇长拍了拍青年的肩膀，意味深长地说道：“看到了吧，年轻人，关照别人就是关照自己啊！”

青年顿然醒悟，他铭记着镇长的话，凡事多从他人的角度考虑，终于成为一代石油大王。这个流浪汉，就是洛克菲勒。

【故事 3】

圣诞节到了，一位母亲带着 5 岁的儿子去买礼物。大街上回响着圣诞赞歌，橱窗里装饰着彩灯，可爱的小精灵载歌载舞，商店里五光十色的玩具应有尽有。

“来，宝宝，看，多漂亮的圣诞夜景啊!”母亲对儿子说道，然而儿子却紧拽着她的衣角，呜呜地哭出声来。

“怎么了？宝贝，要是总哭个没完，圣诞老人可就不到咱们这儿来拉!”

“我……我的鞋带开了……”

母亲不得不在人行横道上蹲下身来，为儿子系好鞋带。母亲无意中抬起头来，啊，怎么什么都没有？——没有绚丽的彩灯，没有迷人的橱窗，没有圣诞礼物，也没有装饰华丽的餐桌……原来那些东西都太高了，孩子什么也看不见。出现在孩子视野里的只是一双双粗大的鞋和妇人们低低的裙摆，在街上互相摩擦、碰撞、摇曳……

这位母亲第一次从 5 岁儿子目光的高度观察世界，她感到非常的震惊，立刻起身把儿子抱了起来……从此这位母亲牢记，再也不要把自己以为的“快乐”强加给儿子。“站在孩子的立场上看问题”，母亲通过亲身体会认识到了这一点。

其实，不仅一位好母亲需要站在孩子的立场上看待问题，每个人都需要站在他人的角度看问题。只有换位思考、将心比心，才能够真正了解他人的所思所想。

【启示】 在做任何事物考量之前，先将自己的想法放下，真正设身处地站到对方的立场，仔细地为别人想一想，你将会发现，许多事情的沟通竟会变得出乎想象之外的容易。

二、谈吐不凡

如前所述，在沟通的各种形式中，口头语言沟通是人们最常用的一种沟通形式。美国成功大师戴尔·卡耐基说过：“一个人的成功，约有 15%取决于专业知识，85%取决于口才艺术。”的确，烛之武退秦师靠的是口才；春秋时的毛遂自荐使楚，迫使楚王歃血为盟靠的是口才；晏子游说秦国时让耻笑他个矮的文武百官反而蒙羞，靠的也是口才。有的人善于用说话来表达情意，一席话就使人心情舒畅；有的人不善于以语言来表达，一讲话就使人误解，俗话“良言一句三冬暖，恶语伤人六月寒”。所以，拥有好的口才，在沟通中谈吐不凡，必然左右逢源、游刃有余。

（一）积累知识，锻炼口才

学富五车，满腹经纶，掌握驾驭语言的能力，谈起话来自然滔滔不绝、灼见迭出。好口才并不是天生就具有的，而是经过后天的刻苦训练才能得来的。所以今天的努力程度决定了今后的沟通水平，关系到成功与否。

【故事】

美国前总统林肯，第一次在公众面前说话，满脸通红，嗓音都变了。后来，他就决心下苦功训练：走在乡村路上，见到树桩、高粱地，也对着它们演讲；手势怎么做，面部表情应该什么样，也不断地在学。林肯为了练口才，有一次徒步 30 英里，到一个法院去听律师们的辩护词，看他们如何论辩，如何做手势，他一边倾听，一边模仿。他听到那些云游八方的福音传教士挥舞手臂、声震长空的布道，回来后也学他们的样子。结果，经过长期苦练，终于成为世界知名的演说家、雄辩家、交谈家。林肯总统在葛底斯堡的演说，总共才 3 分钟、十句话，竟使1500人落了眼泪，现在已经铸成经文，放在英国的牛津大学里，作为英文演说的典范。

【阅读】 几种锻炼口才的方法

(1) 速读法　“速读”即快速地朗读。每天大声地朗读喜欢的小故事、笑话或者最熟悉的专业知识，吐字清晰，速度逐渐加快，长期坚持，口才必然大大增强。

(2) 背诵法　背诵不仅能锻炼记忆能力、反应能力、思维能力，而且能提高综合素质，这时也不用担心肚里没货了。

(3) 模仿法　找个口语表达能力很强的人作为模仿的对象，然后请他讲几段精彩的语句，把它录下来进行模仿；也可以找喜欢的主持人、播音员，把他们精彩的沟通过程录下来进行模仿。

(4) 讲故事法　讲故事看起来容易，可是要讲好故事却不是那么容易的事，所谓：“看花容易，绣花难”。要想讲好故事应做到：熟练、把握角色、善于演绎，不照本宣科，要引人入胜，要用生动的语言、丰富的表情、扣人心弦的节奏变化来令故事活灵活现起来。所以讲好故事本身也是一种沟通能力。

要做到口齿清晰，很重要的一点是要打破乡音交流的障碍。因为各地错综复杂的方言的影响，使人与人之间的正常交流产生了一些困难。因此，人们在进行语言交流的过程中，乡音太重、口齿不清、语意不明、认知差异等因素，都可能造成语言交流的障碍，甚至造成误解、冲突或笑话。

【训练】 朗读下列文字

① 朱家一株竹，竹笋初长出，朱叔处处锄，锄出笋来煮，锄完不再出，朱叔没笋煮，竹株又干枯。

② 刚往窗上糊字纸，你就隔着窗户撕字纸，一次撕下横字纸，一次撕下竖字纸，横竖两次撕了四十四张湿字纸！是字纸你就撕字纸，不是字纸，你就不要胡乱地撕一地纸。

③ 山前有四十四棵死涩柿子树，山后有四十四只石狮子，山前的四十四棵死涩柿子树，涩死了山后的四十四只石狮子，山后的四十四只石狮子，咬死了山前的四十四棵死涩柿子树，不知是山前的四十四棵死涩柿子树涩死了山后的四十四只石狮子，还是山后的四十四只石狮子咬死了山前的四十四棵死涩柿子树。

(二) 讲究艺术，谈吐不凡

大多数人都愿意与谈吐不凡的人交往。因为与熟练掌握说话艺术的人交谈，简直就是一种享受。娓娓道来的声音就像音乐一样，钻进我们的耳朵，打动我们的心灵，或让人精神振奋，或给人以安慰，即所谓“说的比唱的还好听”。

荀子说：“言语之美，穆穆皇皇。”穆者，意为形式美，它可以通过语言表达能力的本身达到；皇者，意为内容美，必须通过说话者的真情流露来达到。意思是说，能达成有效沟通的语言是美好的语言，因为只有这样的语言，才能光芒四射。所以，有效的沟通，不仅要有好的口才，还必须具有相应的内秀品质和高超的语言艺术。即“口若悬河”是不够的，还要做到“妙语连珠”，才能令人心身快乐。

无论在什么场合，如果能够表达清晰、中肯、简练，再加上抑扬顿挫的语调，就能够吸引听众、打动别人，能赢得他人真诚的尊重。如果善于辞令，再加上周到的礼节、优雅的举止，在任何场合，都会畅通无阻、备受欢迎。

【故事】

美国独立战争期间，全国上下都在征兵，当时村子里的年轻人基本上都被征走了。剩下的也多半是年老的或者不愿意去的人。这个时候，村子里张贴了一张宣传海报。海报上说："上战场没有那么可怕，去当兵无非就两种可能：受伤或不受伤。不受伤不用说了，就是受伤了也无非有两种可能：轻伤和重伤。受轻伤不用说了，重伤无非两种可能：可以治疗和不可治疗。可以治疗不用说了，不可以治疗就是死亡。既然已经死了，还有什么可怕的？"结果村里人报名参军的人数激增。可见语言的组织也是很重要的。

如何说好话、说明白话，从而使你的说话达到艺术的境地呢？下面介绍说话艺术的"4W"。

1. Why：为什么

印度古代哲学家白德巴说："能管住自己的舌头是最好的美德。"我们讲话首先要注意到，为什么要讲这些话？讲了有没有效果？如果会有反效果，那就别讲了。

【故事】 爱炫耀的狐狸

在森林里，住着一只见识广阔、满腹经纶、在动物界颇有地位的狐狸。这只狐狸熟读理论，常以专家自居，喜欢滔滔不绝地发表长篇大论。

有一天，狐狸外出，遇上一只从森林外边来的小花猫。小花猫仰慕这狐狸"才高八斗"，因此便虚心请教。

小花猫问道："尊敬的狐狸先生，近来生活困难，您是怎样度过的？"

狐狸说："什么？你这只可怜的花猫，每天只会捉老鼠，你有什么资格问我如何生活！真不识抬举！你学过什么本领？说来听听！"

小花猫很谦虚地说："我只学会一种本事。"

"什么本事？"

"如果有只狼狗向我扑来，我就会跳到树上去逃生。"

"唉，这算什么本领？我可是精读百科全书，掌握上百种武术，我身边还有满袋的锦囊妙计呢！你太可怜了！让我教你逃脱狼狗追逐的绝招吧！"

狐狸想从袋子中寻找妙计。刚巧，一群猎人带了四只猎狗迎面而来。小花猫敏捷地一纵身跳上一棵树，躲藏在茂密的树叶中。小花猫大声向正在惊慌得不知所措的狐狸说："狐狸先生，赶快解开你的锦囊，拿出脱身妙计来！"

语毕，四只猎狗已扑向狐狸，将它抓住了。

小花猫叹息道："唉，狐狸先生，你会十八般武艺，却不会使一招半式。如果像我一样懂得爬上树来，你就不会落到这种凄凉的下场了！"

2. When：何时——什么时机讲这些话，什么时间讲什么话？

与人沟通一次不要把所有的内容全部讲完，像精彩的电视剧到高潮之处戛然而止，留下更多遐想给观众，令人期待下次的精彩演绎。学会留下伏笔，让对方认为你是一个知识丰富的人，会深深地吸引对方。

3. Where：何地

俗话说："到什么山唱什么歌，见什么人说什么话"，"见人说人话，见鬼说鬼话，见不人不鬼说胡话"。意思是说讲话之前要掂量听众水平，见人说人话需要艺术，讲究一点艺术就不会伤人了；见鬼说鬼话需要技术，采用一点技术就不会被鬼咬伤了；见不人不鬼说胡话要揣着明白装糊涂，以免稍不注意就被别人“忽悠”。

4. Who：谁在讲话，谁在听

讲话时一定要认清自己是什么角色，是什么身份在对谁讲话，是对上司，对同事，还是对部属讲话，对同性还是对异性讲话。要记住在讲话时千万不要侵犯别人的私人领域，要保持一定的人际距离。

在讲话之前要了解在场的是什么人，这也是非常重要的，才不至于发生说错话的尴尬场面。如果见到农夫，就说如何种植稻谷蔬菜；遇到商人，就谈论一套生意经；遇到工匠，就说各种工巧技艺。不能对一群农民说文学艺术、谈修身养性，同样也不能跟一群学者大谈如何种地、如何收割庄稼。

（三）修身养性，展示魅力

古人的所谓“修身养性”，实际上就是通过自我修炼来达到自我完善的一种途径，就是要把先贤之美德才学化为自身之习性功力。而要“修”要“养”，就首先要能“静”能“忍”，诸葛亮即有“非静无以成学”、“宁静致远”等。否则，心浮气躁，如何修得下去，养得起来?

同样，展示语言魅力，也要修身养性，强调内在素质。

1. 要有思想

“言为心声”，没有思想，讲出来的是陈芝麻、烂谷子，人云亦云，吃人嚼过的馍，显然没有人愿意听。“慧于心而秀于口”，说的就是这个道理。

2. 要有条理

首先，说话必须中心明确（说什么话题）、内容明确（说哪些方面）、方法明确（如何来说话题）。

其次，要言之有序条理清晰，否则就会导致说话时语言杂乱，叙事不清，主次混乱，说理不明。如议论类话题要有鲜明的观点（论点），还要有支撑观点的材料（论据），要有合理的条理性的论说过程。为了说话有条理，可在说话过程中适时留下“思维路标”，如“其一”、“其二”、“总之”、“因为”、“所以”、“然而”等插入语、关联词语，使口语表达缜密而有条理性。

3. 要有学识

一个有文化内涵的人才有好口才。有的人在话题说话时，说不了几句就语塞了，思维中断。一方面因为说话者只说几句高度概括的语言，没有具体事物的描述，缺乏联想、想象，不善于进行各种比较对照；另一方面缺少临场应变能力，思维不够敏捷。这就需要说话者要抓住生活中的一切机会，有意识地锻炼自己驾驭语言和清晰思维的能力，锻炼自己联想丰富、迅速成文、出口成章的能力。除了要有专门的知识外，知识面应该是宽一些的，应该有远见卓识，想他人之所未想，讲他人之所未讲，才能出口不凡。敏锐的洞察力使你讲话“一针见血”；勇敢的心让你的语言有威势。具有了这些能力以后，内功强了，才会有嘴上的工夫。

4. 要生动新颖

口语表达要求的通俗易懂和语言思维的生动性、新颖性并不矛盾。在说话时，要通过贴近生活的具象来更好地对事物进行描述，增强语言的生动性，使人感受到生活中的印象，给人一种冲击力。在话题说话时，要求语言要承载超越凡俗的见解，老生常谈往往令人生厌，缺乏个人的独到见解是思维趋于定势的表现。打破思维定势，能够对一些传统说法进行反思更新，语言才能具有新颖性，才能激起人们精神的渴望，引起人们深入思考。

【阅读】 三种不该说的话

（1）负面的话　悲伤、忧愁、抱怨或者自怨自艾的词句，都必须从平常说话的言辞中拿掉，因为这种话只会引发更多的负面效应。组织中如果充满了这种言论，组织的成长就会停滞，因为每个人都会去找一个负面的理由来当作自己无法成功的借口。

（2）批评的话　攻击性的言辞没有任何存在的价值。任何批评都像仰天吐口水，终究会掉到自己脸上。组织中批评的话多了，优秀的人才就进不来，也留不住。因为再完美的人也是需要被肯定的，而批评却像冬天的寒风，是无孔不入的。

（3）未经证实的话　一句话纵使正面积极，纵使能鼓舞人心，可是难辨真伪，这种话不能讲。因为既然是未经证实即表示可能改变。如果我们一旦说出口，而结果并非如我们所言，将失信于组织。一旦组织认为领导人的话可信度不高时，这个组织不会有忠诚度，更不易团结，只能流于四分五裂。

【格言】

急事，慢慢地说；大事，清楚地说；小事，幽默地说；没把握的事，谨慎地说；没发生的事，不要胡说；做不到的事，别乱说；伤害人的事，不能说；讨厌的事，对事不对人地说；开心的事，看场合说；伤心的事，不要见人就说；别人的事，小心地说；自己的事，听听自己的心怎么说；现在的事，做了再说；未来的事，未来再说。

三、幽默的艺术

1. 幽默的含义

幽默一词来自拉丁文“homorem”，后来写作“humors”，意思是“液体”或“流体”，最初是一个生理名词（指体液）。后来罗马医生盖伦把生理上体液的类型与个体心理上的气质类型联系起来，使幽默逐渐具有了心理含义，并逐渐脱离了生理学领域，而进入了心理学的范畴。

16世纪中叶，被作为嘲笑对象的古怪和孤僻的人被称为“幽默家（humorist）”，所以幽默就是通过模仿这些“幽默家”的古怪行为来使人快乐。因此，幽默也被看作使他人发笑的才能。据此，幽默的现在含义才逐渐形成，即幽默是指体会快乐、用行为使自己、他人快乐的能力和行为特征。

“幽默”与滑稽、讽刺不同。滑稽是在嘲笑，插科打诨中揭露事物的自相矛盾之处，以达到批评和讽刺的目的；讽刺则是用比喻、夸张的手法对不良或愚蠢行为进行揭露、批评或嘲笑。幽默与两者既有联系，又有区别。《辞海》上的解释是这样的：“通过影射、讽喻、双关等修辞手法，在善意的微笑中，揭露生活中的讹谬和不通情理之处。”列宁说：“幽默是一种优美的，健康的品质。”正因如此，所以有人把幽默看作是一个人成熟的一种表现。

“幽默”一词，在我国最早出现于屈原的《九章·怀沙》里：“眴兮杳杳，孔静幽默。”不过这里的“幽默”是“幽静无声”的意思。而现在使用的“幽默”一词是作为一个美学范畴，指一种令人发笑而有余味的情操。笑是幽默的外部特征，没有笑就不称其为幽默；但笑还不是幽默的本质特征，因为笑的种类很多。从笑的形态看，有满足的笑、尴尬的笑、会心的笑……从笑的机制来看，有生理的笑、社会的笑、心理的笑等。只有“会心的笑”，“心理的笑”才与幽默的本质有缘。所谓“会心的笑”，是使人在笑声中明白点什么道理，得到点什么启示。

2. 常见的幽默方式

① 相声：通过语言或者对话来达到幽默的效果。

② 笑话：通过一个有趣的小故事使人们感到好笑。

③ 无厘头：利用表面毫无逻辑关联的语言和肢体动作，使人们有滑稽的感觉。

④ 戏仿：通过模仿使人们感到滑稽。

⑤ 恶搞：通过毫无道理的方式（例如在照片上画八字胡），使观看者感到好笑。

⑥ 黑色幽默：20世纪60年代在美国兴起的一个文学流派，对充满矛盾的荒谬的社会现实进行无奈、苦涩的冷嘲热讽。后也指这种无奈、苦涩的表现风格，是一种对现实采取嘲笑抨击、揭露和讽刺。

⑦ 冷幽默：带有一点黑色幽默的成分，但又区别于黑色幽默，可以理解为意图不明显的幽默。当事人在讲一个冷幽默的时候，并没有刻意地要达到幽默的效果，是一种很随意的幽默，笑不笑由你。"冷幽默"是那种淡淡的、在不经意间自然流露的幽默，是让人发愣、不解、深思、顿悟、大笑的幽默，是让人回味无穷的幽默。之所以称之为"冷幽默"，是因为不仅要幽默，还要"冷"。

⑧ 白色幽默：白色幽默指令人恐惧而又感到好笑的话或句子。

3. 幽默在有效沟通中的作用

从幽默的原理说来，幽默是一种巧妙的语言方法，是一种艺术性的语言，美国一位心理学家说过："幽默是一种最有趣、最有感染力、最具有普遍意义的传递艺术。"幽默的语言，能使交往气氛轻松、融洽，利于沟通。

幽默在沟通中的主要作用如下。

（1）融洽关系　幽默的特征是用曲折、含蓄的方式表达（或表现）使人领悟，而不是用直抒表达。在人际交往中，轻松幽默地开个得体的玩笑，可以松弛神经，活跃气氛，营造出一个适于交际的轻松愉快的氛围，因而幽默的人常常受到人们的欢迎与喜爱。

【故事】

《资谈异语》载"曼卿戏言"："石曼卿善谑，尝出御马，一日失鞍马惊，曼卿坠地，从吏慌忙扶掖升鞍。曼卿曰，赖我是石学士，若是瓦学士，岂不跌碎乎?"这话一听就明白，石曼卿不怪那马和那从吏，表示不介意了。这种语言方法出人意料，也挺巧，听着有趣，会把人逗乐了。

（2）春风化雨　幽默是一种无形的力量，它能代替许多软弱无力的话语，发挥其春风化雨、润物无声、曲径通幽的效果。交往中如果双方发生了分歧意见，其中之一的当事人撇开严肃的态度以幽默的语言也能正确无误地表达出责备，不至于伤害人。如一本正经地批评指责，则引起分歧增大、感情破裂的可能性要大得多。

【故事】

公共汽车里，人们都拥挤在车门口，而车厢里面却没人去，任凭售票员怎么劝怎么喊都无济于事。司机不急不躁地对挤在门前的乘客大声喊道："穿干净内衣的人都往车后边走，其他穿脏衣服的人和我留在车前面。"乘客一边笑着一边向车后面挤去。

（3）摆脱困境　沟通中如果随机应变，恰到好处地说出带有幽默意味的话，就会化解尴尬，摆脱困境。

【故事】

有个议员发表演讲，在大家都侧耳倾听时，突然座中有一个听众的椅子腿折断了，这人顺势就跌落在地面。此时，听众的注意力马上就分散了，议员见状急中生智，紧接着椅子腿的折断声大声说道："诸位，现在都相信我所说的理由足以压倒一切异议了吧?"话音一落，底下立即响起了一阵笑声，接着就是热烈的掌声。

(4) 增进友谊　有的人尽管为人老实厚道、纯朴善良，但由于不善幽默的言谈，性情古怪，便很难拥有更多的朋友在身边；有的人虽然嘴里喋喋不休，说个没完没了，但因为话语枯燥乏味、缺少趣味，也无法赢得更多的"听众"；有的人活泼可爱、幽默风趣，就经常能获得别人的好感，从而赢得众多的真心朋友，在社会交往活动中得心应手。是否具有幽默感，在很大程度上决定着我们在交际活动中是否能够成功。

可见，幽默是进行沟通的桥梁，是沟通的润滑剂。善于运用幽默，可以达到有效沟通的目的。

4. 使用幽默禁忌

幽默追求的境界是哲学的飘逸和思想的简朴。幽默，并非低级趣味，也并非所有有趣可笑的语言都是幽默。也就是说，幽默也要得体。真正得体的幽默是诙谐而不失度，滑稽而不粗俗，精练而不繁冗，简约而又得当。要想幽默得体，需要注意下面几个问题。

(1) 内容要高雅　幽默的内容取决于幽默者的思想情趣与文化修养。幽默内容粗俗或不雅，有时也能博人一笑，但过后就会感到乏味无聊。只有内容健康、格调高雅的幽默，才能给人以启迪和精神享受，而且也是对自己美好形象的成功塑造。

(2) 态度要友善　幽默的过程，是感情互相交流传递的过程。如果借幽默来达到对别人冷嘲热讽、发泄内心厌恶和不满感情的目的，那么这种玩笑就不能称为幽默。当然，也许有些人不如你口齿伶俐，表面上你占了上风，但别人一定会认为你不够尊重他人，以后也不会愿意和你继续交往。

(3) 要分清场合　美国总统里根一次在国会开会前，为了试试麦克风是否好用，张口便道："先生女士们请注意，5 分钟之后，我们将对苏联进行轰炸。"一语既出，众皆哗然。显然，里根在不恰当的场合和时间里开了一个极为荒唐的玩笑。为此，苏联政府对美国提出了强烈的抗议。可见，在庄重严肃的场合里幽默一定要注意分寸。

(4) 要分清对象　我们身边的每个人，因为身份、性格和心情的不同，对幽默的承受能力也有差异。同样一个玩笑，能对甲开，不一定能对乙开；能对乙开，不一定能对甲开。一般来说，晚辈不宜同长辈开玩笑，下级不宜同上级开玩笑，男性不宜同女性开玩笑。在同辈人之间开玩笑，也要注意对方的情绪信息和性格特征。如果对方性格外向，能宽容忍耐，幽默稍微过大也无妨；若对方性格内向，喜欢琢磨言外之意，幽默就要慎重了。对方尽管平时生性开朗，但若恰好碰上不愉快或伤心之事，就不能随便与之幽默。相反，对方性格内向，但正好喜事临门，此时与他开个玩笑，幽默的氛围也会一下子凸显出来。

第二节　非语言沟通

专家研究称，一条信息所产生的全部影响力中 7%来自于语言（仅指文字），38%来自于声音（其中包括语音、音调以及其他声音），剩下的 55%则全部来自于无声的肢体语言。据估计，多数人一天只讲 10～11 分钟的话，通常情况下，在两个人交谈时，语言对情境的社会意义的表达平均不到35%，剩下的65%的意义都是由非语言的方式表达的。有观点称，人们对一个陌生人的最初评判中，60%～80%的评判观点都是在最初不到4分钟的时间里就已经形成了。

现实生活中，最简单的举手投足，或是无心的眼神交流，不经意的微笑点头，这些细微的肢体语言都蕴藏着很深的情感意识。或许我们都有这样的体会：当我们走进一间熙熙攘攘的房间之后，不用几分钟，我们就能大体地描述出房间内各人之间的关系；当我们与某人第一次见面的时候，就会很快对他做出一番评价。尽管这种评价也许与实际情况有所出入，但在心里已经对他的友好程度、兴趣强弱以及成为自己朋友的可能性大小有了一个初步的认识。

一、非语言沟通的类型

借助符号而不是语言所进行的沟通叫非语言沟通。除了前述的副语言沟通和道具沟通外，其中，两种最重要的非语言沟通形式是身体语言（又称肢体语言，包括动态或静态的体语和面部表情）和个人空间。

1. 身体语言

身体语言又称肢体语言，是指经由身体的各种动作，从而代替语言借以达到表情达意的沟通目的。广义言之，肢体语言也包括面部表情在内；狭义言之，肢体语言只包括身体与四肢所表达的意义。

面部表情，它是如此直接地展示着情绪的变化，因而可能是非语言信息的最丰富的源泉。但是，由于面部表情很难读懂，因此，要解释它们的意义通常也是很难的。

但也有证据表明，诸如恐惧、快乐、惊讶和气愤等情绪的表达方式是共同的。当研究者将这些表情的照片给现代文化中的人和与世隔绝的传统文化中的人看时，他们都能将每种表情的意义正确区分。大家普遍认为，这类表情反映了一种天生的生物安排，也就是说，这些表情在所有文化中都传达着同样的意义。

相比之下，在不同的文化中，动态体语——也就是通过身体或四肢的运动以表达某个意图、某种情绪或态度——所表达的意义是非常不同的。例如，在美国，上下点头意味着“是的”，而左右摇头则意味着“不”。但是，马来半岛的萨芒人把头向前伸表示“是的”，而马来西亚人则通过往下看以表明“不”。对于埃塞俄比亚人而言，交手的姿势意味着向一位妇女示爱；在以色列，这个动作曾经具有军事意义，而现在则意味着双手被“禁锢”或受了伤。在埃塞俄比亚，手袋式的动作（伸出手，摊开手掌，然后将五个手指聚在一起形成一个点）意味着乞讨食物；而在以色列，这是“慢一些，保持耐心”的标志。

静态体语，即人们身体或四肢保持某种状态的姿势，也是身体语言的一种形式。与有意控制的面部表情和动态体语不同，人们通常没有考虑自己的静态体语。

2. 个人空间

人们可以有意识地利用个人空间，即环绕一个人四周的直接区域，传达某种意义。但是，在更多的时候，这样做通常是无意识的。个人空间的一个方面，即谈话人之间的人际距离，尤其有意义。人际距离通常用身体之间的空间距离来测量。人类学家爱德华·T·霍尔曾经对此进行了广泛而深入的研究。霍尔提出了一种理论，认为个人距离有四种基本类型(图4-1)，每种类型的距离又都有其自己的活动和关系特征。

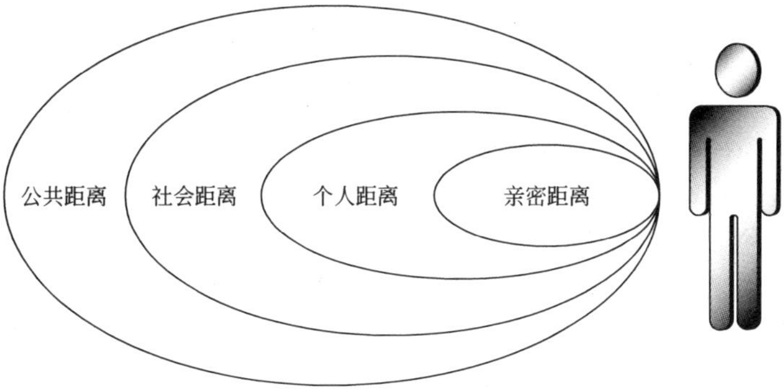

图 4-1 个人距离的四种类型

(1) 亲密距离 0～46 厘米 (0～18 英寸)，属于亲爱的人、家庭成员、最好的朋友，在此区域中，可以有身体接触，如拥抱、爱抚、接吻等，话语富于情感，并排斥第三者加入。

(2) 个人距离 46 厘米～1.2 米 (18 英寸～4 英尺)，同学、同事、朋友、邻居等在此区域内交往，由于距离有限，在此区域内说话一般避免高声。

(3) 社会距离 1.2～3.6 米 (4～12 英尺)，在此区域人们相识但不熟悉，人们交往自然，进退也比较容易，既可发展友谊，又可彼此寒暄、纯粹应付。

(4) 公共距离 3.6 米 (12 英尺) 到目光所及，是与陌生人的距离，表明不想有发展，在此区域人们难以单独交往，主要是公共活动，如作报告、等飞机等。

霍尔指出，在其他文化中，也存在类似的个人空间，尽管一个文化与另一个文化中的具体距离有些差别。欧洲大陆人通常采用的彼此说话的距离，在美国被认为适合于更为密切的私人关系。霍尔所访问的一个美国人说："这些人离得太近了，眼睛都对上了。这样确实让我很紧张。他们把脸贴得太近，让人觉得他们就像在'你的身体里'似的"。

关于个人空间的文化定义也体现在人们对居室、房门和办公室的看法上。德国人觉得房门保持了房间的完整，并且提供了人与人之间的一条必要界线。例如，在德国人的办公室里，门一般是坚固的，并且总是关着。但是，在美国，关着门可能意味着屋里人不愿交际，甚至是一种搞阴谋的迹象。与此同时，美国人和德国人都倾向于把总经理的办公室安排在大楼的某个角落，而法国人则把正中央的办公室看作是最受尊敬的。在法国，办公室和城镇通常都是围绕着某一中心向四周辐射，那些最重要的人以及最重要的地点和机构都处在中心位置。

还有证据表明，个人空间的重要性对于不同性别的人是不同的。有研究指出，男人一般比女人需要更多的个人空间。可能正是这个原因，在一间拥挤的屋子里，男人比女人更容易受到负面影响。

由此可见，肢体语言的内涵十分丰富。为了正确使用肢体语言进行沟通，了解不同国家、不同民族的风俗习惯是十分必要的。

二、在不同文化中肢体语言的意义

在不同文化中肢体语言的意义可能截然不同。仅仅是最常见到的肢体语言，在中外文化中便大有不同。下面列举几种。

1. 身体接触

谈话双方身体接触多少因文化不同而各异。在这一方面，有一篇调查报告提供了一些有趣的数字。调查者在各地大学里或附近的商店中观察两人坐着单独说话时的情景，每次至少1小时，记下两人触摸对方的次数：英国首都伦敦（0）；美国佛罗里达州盖恩斯维尔（2）；法国首都巴黎（10）；波多黎各首府圣胡安（180）。这些数字本身很说明问题。

在英语国家里，一般的朋友和熟人之间交谈时，避免身体任何部位与对方接触。即使仅仅触摸一下也可能引起不良的反应。如果一方无意触摸对方一下，他一般会说“Sorry”、“Oh，I'm sorry”等表示歉意。

西方妇女常常抱怨中国人抚弄了她们的婴儿和很小的孩子。不论是摸摸、拍拍或是亲亲孩子，都使那些西方的母亲感到别扭。在她们的文化中，这种动作会被人认为是无礼的，也会引起对方强烈的反感和厌恶。

在许多国家里，两个妇女见面拥抱亲吻是很普遍的现象。两个男人是否互相拥抱，各国习惯不同。阿拉伯人、俄罗斯人、法国人以及东欧和地中海沿岸的一些国家，两个男人也热烈拥抱、亲吻双颊表示欢迎，有些拉丁美洲国家的人也是这样。不过，在东亚和英语国家，两个男人很少拥抱，一般只是握握手；一过了童年时期，就不应两个人手拉手或一个人搭着另一个人的肩膀走路。

若干年前，发生了这样一件事：当时日本首相福田赳夫到美国进行国事访问。他在白宫前下车，美国总统上前紧紧拥抱，表示欢迎。福田首相吃了一惊，日本代表国成员也愣住了。许多美国人感到奇怪——这种情况很少见，完全出乎人们意料。如果美国总统按日本人的习惯深鞠一躬，大家就不会那么惊讶。

2. 脸部表情

在中国和讲英语的国家不论微笑还是大笑，通常表示友好、赞同、满意、高兴、愉快。但在有些国家或地区，笑会引起人的反感。比如，一个美国人存放自行车时，一不小心自行车倒了，他会因为自己动作不麻利而感到困窘。这时如果旁边的人笑起来，他会觉得受到耻笑，非常生气。在餐厅里，一个美国人偶然摔了一个碟子，他本来就感到很窘，而在场的人发出笑声，会使他更加觉得不是滋味，又生气，又反感。中国人的这种笑，不论是对本国人还是对外国人，并非是嘲笑当事人，也不是幸灾乐祸。这种笑有很多意思。可以表示：“别当一回事儿”、“一笑了之”等。不过，对于不了解这些意思的人，这样一笑会使他们感到不愉快，而且会对发笑的人产生反感。

根据美国习惯，同相识的人谈话时说话的人和听话的人都应注视对方。任何一方不看对方，都可以表示某种意味，如：害怕对方，轻视对方，心神不定，感到内疚，漠不关心。甚至在对公众讲话时也要时时直视听众，和许多人的目光接触。如果演说的人埋头看讲稿，照本宣科而不抬头看看听众，对听众“说话”，人们就会认为他对听众冷漠，不尊敬别人。

在英语国家，盯着对方看或看得过久都是不合适的。即使用欣赏的目光看人，如对方长得漂亮，也会使人发怒。

【故事】

有个十来岁的波多黎各女孩在纽约一所中学里读书。有一天。校长怀疑她和另外几个女同学吸烟，就把她们叫去，尽管这个女孩一向表现不错，也没有做错什么事的证据，但校长还是认为她做贼心虚，勒令停学。他在报告中写道：“她躲躲闪闪，很可疑。她不敢正视我的眼睛。”碰巧有一位出生于拉丁美洲家庭的教师，对波多黎各文化有所了解，他同这个女孩的家长谈话后对校长解释说：就波多黎各的习惯而言，好女孩“不看成人的眼睛”，这种行为“是尊敬和听话的表现。”幸而校长接受了这个解释，承认了错误，妥善处理了这件事。

3. 肢体动作

在非语言沟通的方式中，肢体动作表示的意思则更复杂。

（1）手势　手势表达的意思不仅有所不同，而且有的大相径庭。如用大拇指和食指构成一个圆圈，其他三指伸直，就是“OK”的手势，在欧洲表示赞扬和允诺的意思；然而在法国南部、希腊、撒丁岛等地，它的意思恰好相反。招呼人过来的手势，英语国家的人是食指朝上向里勾动；中国人却是手掌向下朝自己方向招动；英语国家的人使用这一手势，是让人“慢一点”。

（2）两臂交叉　双臂下垂交叉，在英语国家中就只是一种精神放松、态度随便、悠闲自在的姿势；中国人却视其为拒绝交往或居高临下的一种派头。

（3）拦车　面向车辆，一只胳膊向一侧平伸，手心向前，做出“停”的手势，这种动作在中国常见。但在英语国家就有不同的动作来拦车：面对开过来的车辆右手握拳，拇指跷起向右肩方位晃动；这一动作在澳大利亚和新西兰是不能使用的，因为在那里这一动作被看成是淫荡的。

（4）表示害羞　在英语国家，双臂伸直，向下交叉，两掌反握，同时脸转向一侧，就表示害羞；中国人表示害羞时，喜欢用手臂捂住脸，头向一侧低垂。

（5）表示自己　中国人用食指指着自己的鼻子；英语国家的人却是用食指或拇指指着自己的胸部。

（6）禁止出声　英语国家的人是嘴唇合拢，食指贴着嘴唇；中国人却将食指放在唇前。

（7）掩口　用手捂着嘴打呵欠或嘴张开用手指拍拍嘴唇，是英语国家的人在咳嗽、打呵欠、打喷嚏、打嗝和咀嚼时做掩饰的习惯动作，其目的是不要让别人看到；中国人则表示“枯燥无味”、“发困”或“该走了”。

（8）跷大拇指　中国人表示赞赏、鼓励。在英国和澳大利亚、新西兰等国家，这一手势可以表示数字，在数数时，他们用食指代表“1”，用中指代表“2”，以大拇指表示“5”。另一种是旅游者要求搭车的手势，这是一种表示请求的体态语。再一种就是表示侮辱人的信号，在希腊，如果将大拇指急剧跷起，就表示让对方“滚蛋”，是对人的极大的不敬。

【故事】

赫鲁晓夫在美国访问期间，曾经做过一个手势：紧握双手，举过头顶，在空中摇晃。他的意思显然是表示问候，表示友谊。但是，在场的人和电视观众对此并不欣赏。美国人很熟悉这个动作——这是拳击手击败对手后表示胜利的姿势。在此之前，赫鲁晓夫曾说过要埋葬美国资本主义的话，许多美国人认为，这种手势表示他好像已经取得胜利，洋洋得意。

三、无声胜有声

肢体语言是较为普遍的沟通方式，我们平时都在自觉不自觉地使用着。它可以增强语言沟通的效果，有时又可以代替语言信息。在某些情况下，它的影响力甚至超过语言的沟通。所以，在沟通过程中，我们既要认识和注意到在不同文化中肢体语言意义的不同，又要善于把握和充分运用。

1. 头部

因为头部集中了所有表情器官，所以往往是人们关注、观察身体语言的起点。

① 微微侧向一旁：说明对谈话有兴趣，正集中精神在听。

② 挺得笔直：说明对谈判和对话人持中立态度。

③ 低头：说明对对方的谈话不感兴趣或持否定态度。在商务交往中，低头这种身体语言是非常不受人欢迎的。

④ 身体直立，头部端正：表现的是自信、正派、诚信、精神旺盛。头部的这种姿态无疑是商务交往中的首选。

⑤ 头部向上：表示希望、谦逊、内疚或沉思。

⑥ 头部向前：表示倾听、期望或同情、关心。

⑦ 头部向后：表示惊奇、恐惧、退让或迟疑。

⑧ 点头：表示答应、同意、理解和赞许。

⑨ 头一摆：表示快走之意。

2. 目光

眼睛是心灵的窗户。泰戈尔说的："眼睛的语言，在表情上是无穷无尽的。像海一般深沉，碧空一般清澈，黎明与黄昏，光明与阴影，都在这里自由嬉戏。"眼行为被认为是表达情感信息的重要方式。眼行为的功能主要有注意、劝说、调节和表达情感。在人际沟通中，眼行为的作用是巨大而强烈的，目光接触往往能够帮助说话的人进行更好的沟通。在掌握并正确运用自己目光语言的同时，还应当学会"阅读"对方目光语言的方法，从对方的目光变化中，分析他的内心活动和意向。如对方的目光和表情和谐地统一，表示很感兴趣，思想专注，谈兴正浓；目光长时间地中止接触或游移不定，表示对交谈不感兴趣，交谈应当很快结束；目光乜斜，表示鄙夷；目光紧盯，表示疑虑；偷眼相觑，表示窘迫；瞪大眼睛，表示吃惊；斜视表示轻蔑，俯视表示羞涩，仰视表示思索，正视表示庄重等。目光语言是千变万化的，但都是内心情感的流露。学会阅读分析目光语言，对于正确处理社交活动的进行和发展有着重要意义。

心理学家做过的实验表明，人们视线相互接触的时间，通常占交往时间的30%～60%。如果超过60%，表示彼此对对方的兴趣可能大于交谈的话题；低于30%，表明对谈话没有兴趣。而视线接触的时间，除关系十分密切的人外，一般连续注视对方的时间在3秒左右，过长时间的视线接触会让你对他的兴趣大于他的话语，会让对方感到不适。

在商务场合，目光注视范围主要有两种，一种是公务注视范围，一种是社交注视范围。

公务注视是在洽谈业务、贸易谈判或者磋商问题时所使用的一种注视。这个区域是以两眼为底线、额中为顶点形成的一个三角区。如果你看着对方这个区域就会显得严肃认真，对方也会觉得你有诚意；在交谈时如果目光总是落在这个注视区域，就会把握住谈话的主动权和控制权。

社交注视的范围是以两眼为上线、唇部为下顶点所形成的倒三角形区域，通常在一般的商务交往场所使用这种注视。当你和人谈话时注视着对方的这个部位，能给人一种平等而轻松的感觉，可以创造出一种良好的社交气氛，像一些茶话会、舞会和各种友谊聚会的场合中，就适合采用这种注视。

商务场合，除了要把握眼神的注视范围外，还要注意眼神注视的角度和方法。应该用平和、亲切的目光语言，既不目光闪闪显得过度而近乎做作，又不目光呆滞，显得应酬敷衍。如果眼神发虚或东瞟西望，就会让对方产生一种不踏实的感觉，话还没出口，就先入为主地对你有了看法。

可见，眼睛的语言透示着一个人的品质和修养。一个有教养的人会善于控制自己的情感，不轻易让不利于交往的情感从眼睛里流露出来。

3. 嘴

嘴不出声也会“说话”，嘴不仅是用来表达有声语言的，也同样可以表达丰富的身体语言。如嘴唇闭拢，表示和谐宁静、端庄自然；嘴唇半开或全开，表示疑问、奇怪、有点惊讶，如果全开就表示惊骇；嘴角向上，表示善意、礼貌、喜悦；嘴角向下，表示痛苦悲伤、无可奈何；嘴唇撅着，表示生气、不满意，会被认为是不尊重对方的表现；嘴唇紧绷，表示愤怒、对抗或者是决心已定；故意发出咳嗽声并借势用手掩住嘴则说明“心里有鬼”、有说谎之嫌，等等。

4. 表情

“要想了解谈话对象真正的情感，你应该仔细观察他的脸部表情，因为，驾驭语言比控制面部表情容易多了”（［英］查斯特·菲尔德）。人类祖先为了适应自然环境，达到有效沟通的目的，逐渐形成了丰富的表情。这些表情随着人类的进化不断发展、演变，成为非言语沟通的重要手段。人的感情是非常复杂的，表现在面部有“喜、怒、哀、乐”等多种形式。人们通过表情来表达自己的情感、态度，也通过表情理解和判断他人的情感和态度。其中，“微笑”在人际交往中有着特别重要的作用。

笑容是走向成功的名片。世界上每位顶尖的营销人员，谈起成功的秘诀时，决不会遗漏“笑容”这一项；微笑可使脸部表情缓和，并且将这份效应传达给对方，松弛对方的警戒心；一个活力四射、随时保持爽朗笑容的人最具有魅力，谁都想主动亲近他！

微笑可以表现出温馨、亲切的表情，能有效地缩短沟通双方的距离，给对方留下美好的心理感受，从而形成融洽的交往氛围。“伸手不打笑脸”，“笑一笑十年少”。微笑是人际交往中的润滑剂，是广交朋友、化解矛盾的有效手段。在不同的场合、不同的情况，如果能用微笑来接纳对方，可以反映出高超的修养、待人的至诚。因而微笑不仅是一种外化的形象，也是内心情感的写照。美国希尔顿旅馆总公司董事长康纳·希尔顿在50多年里，不断地到他设在世界各国的希尔顿旅馆视察，视察中他经常问下级的一句话是：“你今天对客人微笑了没有？”

【阅读】

一个微笑，花费很少
价值却很高
给的人幸福
收的人谢报

一个微笑，仅有几秒
而留下的回忆
终生美好

没有人富
富到对它不需要
也没有人穷
穷到给不出一个微笑
有了它家庭充满幸福
有了它生意兴隆荣耀

它还是朋友间交流的暗号

它使劳累者疲劳顿消
它为失意者重燃希望的火苗
对悲伤者它有如太阳
要化解烦恼它是良药

它既拿不来也偷不去
它不出租也买不到
只有做礼品它才有效

人人都需要微笑
而没有人
比一个忘记微笑的人
对它更为需要

应该笑口常开
因为我们无论是奉献还是得到
最好的礼物都是微笑

如果匆忙中我忘记对你微笑
请原谅我
而善良淳厚的你
能否给我一个你的微笑

永远微笑吧
在人生的旅途上
最好的身份证就是
微笑

四、巧用肢体语言

通过对上述肢体语言的了解，在人际沟通与交往中，应学会巧用下列肢体语言。

(1) 感谢　在一般的场合表示感谢，可用点头来表示。在比较庄重的场合，可用鞠躬来表示谢意。鞠躬的“深度”与致谢的程度有关，感谢的程度越重，躬身的深度越大。表示感谢还可用双手握住对方的手，或者再上下晃几下，晃的程度越大，感谢的程度越重。还有，用双手在胸前抱拳或合十，前后晃动几下表示感谢。

(2) 高兴　成语“捧腹大笑”即表示特别高兴的体态。在正式场合男士乐不可支时会仰身大笑；女士则宜掩口而笑，因为女士以“笑不露齿”为美。

(3) 爱抚　爱抚的方式多种多样，比如长辈对晚辈、成人对小孩常可以拍拍肩膀及抚摩其头顶表示爱抚之意。

(4) 亲热　关系亲密的年轻女性可以挎着胳膊或相互搂着腰；男性可以互相搂着肩膀；父母对婴幼儿，可以常常亲吻孩子的脸蛋；对可爱而又调皮的孩子表达亲昵感情时，可以在孩子的鼻子上刮一下；上级对下级表示亲近时，可以拍拍对方的肩头。

（5）安慰、鼓励　年长者对年幼者，上级对下级，强者对弱者，常用手拍拍对方的肩膀，用力地握握对方的手，同时伴以有力的晃动。

（6）需要安静　在人多的场合若需安静，往往手掌伸开，掌心向下，由上向下慢慢挥动。在人少的情况下，往往把双手或一只手放在胸前，掌心向下手掌伸开，频频向下压动。也可以用右手食指垂直靠近嘴唇，轻轻发出嘘声来示意大家保持安静。

（7）称赞、夸奖、叫好　用手握拳，跷起大拇指，表示特别赞美。在欣赏文体节目时，也可鼓掌喝彩。如果坐在桌子旁，叫好时常拍桌子，成语“拍案叫绝”即表示此体态。坐着叫好可以拍大腿或膝盖。

（8）同意、赞成　最简单的表达方式就是点头。在正式的场合，或进行表决时，则要举手表示。在非正式场合，当表示“特别赞成”、“完全同意”时，可以双手高高举起。

（9）打招呼　最普通打招呼的方式就是笑一笑，或点点头、扬扬手。

（10）告别　古代常用的告别礼是鞠躬，或拱手告别。如今大多采用握手、挥手、摇手及点头告别。与孩子告别时多用招手；向上级告别时常微微欠身。向死者遗体告别，一般要三鞠躬。

（11）道歉　如果是礼节性的道歉可以点点头、欠欠身或招招手。一般男士常抬手到耳际，有时还要竖向挥动几下。向师长道歉时，要郑重地点点头，用欠身或鞠躬来表示。

（12）告饶　一般双手合掌在胸前频频摇动。因恐惧而求饶，常是抱头。苦苦哀求时则要跪地求饶、磕头求饶。

图 4-2 为常用肢体语言。

图 4-2　常用肢体语言

第五章　沟通的障碍及其克服

第一节　沟通的障碍

所谓沟通障碍，是指信息在传递和交换过程中，由于信息意图受到干扰或误解，而导致沟通失真的现象。

沟通是信息的传递和理解。完美的沟通，应是经过传递之后被接收者感知到的信息和发送者发出的信息完全一致。然而，沟通中的障碍总是影响沟通的有效性。一般来讲，沟通中的障碍主要有主观障碍、客观障碍和沟通方式的障碍三个方面。

一、主观障碍

信息的发送者与接收者由于自身条件、所处地位、个人感受、表达能力、判断力等因素的影响，往往导致沟通联络出现障碍。具体表现为以下几种情况。

1. 信息编码不准确或信息传送不全

【游戏】

请 A 同学上讲台，当信息的发送者；10～20 名同学参与游戏。

游戏过程：

① 主持人向参与游戏的同学每人发 4 张一样大小的纸条；

② 主持人让 A 同学和其他同学看类似以下的图形（参与游戏的同学不能看）；

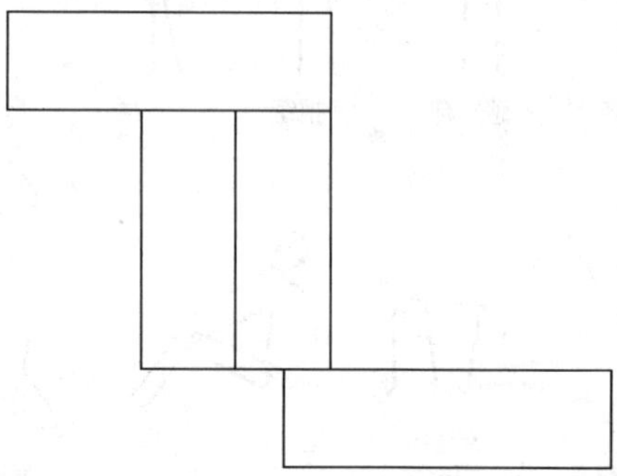

③ 主持人要求 A 同学，根据图的形状（最好不要用教材里的图），用口头语言进行编码；参与游戏的同学，根据 A 同学的编码信息，进行译码和反馈，即可以提问，A 同学可以不断地说明；最后看看同学们是否在一定的时间内摆出了符合要求的图形。

注意：A 同学在编码的时候只能用口头语言，不能用其他形式的语言（如手势等）；主持人或参与游戏的同学如不满意 A 同学的编码（听不懂），可以换 B、C……同学来当信息的发送者。

结果：游戏进行了几分钟？

思考：游戏说明了什么？

2. 信息译码不准确

【故事】 阿伯看病记（用闽南话和普通话阅读）

阿伯脚扭到了，儿媳妇听闻后，就叫阿伯去看医生。

阿伯看了医生，护士给了一包药说："药效 12 小时。"

阿伯领了药就坐在门口……

过了半天阿伯还没回来，儿媳妇察觉不对劲，就赶紧跑到医院，见公公在那"哈、哈、哈、哈"一直笑，就问公公在做啥？

阿伯回答：医生说"要笑"12 小时，我才笑 4 个小时！

话说护士给了药后，顺口说了一句："吃饱三粒。"

老伯回到家翻箱倒柜。儿媳妇见状，就问公公在找什么？

老伯说，找药，护士要我"吃百三粒"。

2 天后老伯复诊，这次医生没开药，只说一句："多喝水。"

老伯一回到家，就躺在床上，一动也不动，

儿媳妇一看，大事不妙，便上前询问。

公公说，医生要我"倒好势。"

不久，阿伯吃完喜宴回家时不小心被车子撞倒，被送到附近医院时，护士带阿伯去照 X 线。

阿伯趴在 X 线机上准备要照时，护士说："阿伯！我数到 3 就要'照'喔！1……2……3……"，只见阿伯往 X 线检查室外面拼命地跑……

3. 个体差异

由于信息的发送者与信息的接收者在经验水平、个性及知识结构上存在一定的差距，一些在发送者认为很简单的、不需多加以说明的信息，在接收者那里却是很复杂、需要加以解释才能理解的信息，因而产生沟通障碍。对信息的态度不同，或是认知水平有限，或是不感兴趣等，使信息的发送者和接收者忽视对自己不重要的信息，造成传播沟通障碍。此外，文化背景不同，风俗习惯不同，也可能造成沟通误会与沟通阻塞。

4. 心理障碍

人际沟通与机器之间的沟通不同，因为双方都是有思想、感情，有心理活动的个体，如果他们的心理活动产生了一定的障碍，必然会影响沟通的效果。认知偏差、情绪失控、态度不妥，如对人有成见、胆怯、急躁、固执、蛮横等都是不利于沟通的心理障碍。同时，每个人在组织中的地位不同，也容易造成心理上的差异，形成心理隔阂，而不愿进行有效的沟通，或不能进行有效的沟通。如在上级与部属谈话中，如果这个上级平时比较严厉，而下属又比较内向，可能会出现下属虽然在认真听上级讲话，但由于心情紧张，信息接收率大打折扣的现象。

5. 角色障碍

在组织结构中，由于管理级别的不同而在员工中产生了一些地位、等级感。地位感指员工根据管理者的职位而产生的态度。如在公司总经理和部门经理之间，在部门经理和员工之间存在着地位差异，这种地位的差异可能造成严重的沟通障碍。主管人员和下级之间的相互不信任，下级人员的畏惧感等也会造成沟通障碍。

二、客观障碍

① 信息的发送者和接收者如果空间距离太远、接触机会少，就会造成沟通障碍。

② 社会文化背景不同，种族不同而形成的社会距离也会影响信息沟通。

③ 组织机构过于庞大，中间层次太多，信息从最高决策层到下级基层单位的传递过程中产生失真，而且还会浪费时间，影响其及时性。

④ 外部干扰：信息沟通过程中经常会受到自然界各种物理噪声、机器故障的影响或被其他事物干扰，影响沟通效果。

⑤ 沟通的漏斗：沟通的漏斗原理是指信息在沟通过程中呈现的是一种由上至下逐渐减少的趋势。漏斗的特性就在于"漏"。对沟通者来说，如果一个人所传达的信息是100%；当你用语言表达时，说出来的只剩下80%了；而当这东西进入别人的耳朵时，只有60%；实际上，真正被别人理解了、消化了的东西大概只有40%；等到这些人遵照领悟、具体行动时，已经变成20%了；最终被记住的，也许只有10%了。见图5-1。

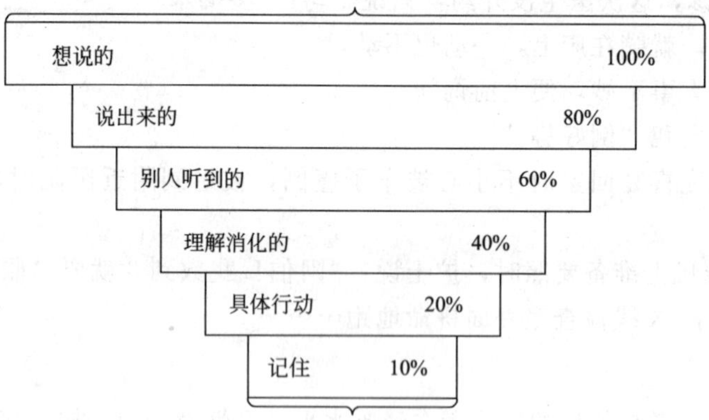

图 5-1　沟通的漏斗

三、沟通方式的障碍

(1) 语言系统障碍　比如说粤语的广东人与说吴语的苏州人连对方在说什么都听不懂，就更谈不上相互沟通了。除了语音之外，用词不当、专业术语太强、语义不明、表达不清也是语言障碍的重要方面。

【故事1】

一山东人在北京乘公共汽车到"建国门"，拿出一张50元钞票给售票员说"见过没"，闹出一场笑话；厦门人到上海饭店吃饭，点菜时对服务员说"青菜"(随便的意思)，结果上了一桌青菜。

【故事2】

有一个秀才去买柴，他对卖柴人说："荷薪者过来!"卖柴人听不懂"荷薪者"三个字，但是听得懂"过来"两个字，于是就把柴担到秀才面前。秀才问他："其价如何?"卖柴的人听不太懂这句话，但是听得懂"价"这个字，于是就告诉秀才价钱。秀才接着说："外实而内虚，烟多而焰少，请损之。"

结果可想而知。

(2) 表达技巧障碍　如"讨厌"、"你好啊"之类的词语，用不同的副语言来表达，会产生完全不同的效果。

【故事】

有一个小孩语文考试得了 50 分，回到家里，妈妈就叫了起来：“怎么搞的，才考 50 分?”“妈，后面还有 28 个人!”这就是表达的技巧。

(3) 沟通渠道障碍

① 沟通渠道扭曲

例：下面两条线，一条竖的，一条横的，哪一条比较长?

看起来，竖的线长一些。其实这两条线一样长。那么为什么会认为竖的线比较长呢? 这叫做错觉，是一种渠道的扭曲。

再看下图，有两条线，X 线和 Y 线。

这两条线也是一样长的。为什么看起来 Y 线比 X 线要长一点? 因为 X 线的两头是封起来的，Y 线的两头是开放的。在日常生活中，也有这样的错觉，如同样大小的房子，如果有落地窗，会觉得这个房子比较大；如果满是墙壁，这个房子看上去会比较小。

② 选择沟通媒介不当：比如对于重要事情，口头传达效果较差，因为接收者会认为“口说无凭”、“随便说说”而不加以重视。

③ 几种媒介相互冲突：当信息用几种形式传送时，如果相互之间不协调，会使接收者难以理解传递的信息内容。如领导表扬下属时面部表情很严肃甚至皱着眉头，就会让下属感到迷惑。

④ 沟通渠道过长：组织机构庞大，内部层次多，从最高层传递信息到最低层，从低层汇总情况到最高层，中间环节太多，容易使信息损失较大。

第二节　沟通障碍的克服

对于上述沟通障碍，可以从以下三个方面采取相应的对策。

一、利用反馈

很多沟通问题是由于误解或理解不准确造成的。在沟通过程中使用反馈回路，则会减少这些问题的发生。这里的反馈可以是言语的，也可以是非言语的。

当信息发送者问接收者：“你明白我的话了吗?”所得到的答复代表着反馈。但反馈不仅仅包括是或否的回答。为了核实信息是否按原有意图被接收，可以询问有关该信息的一系列问题。但最好的办法是，让接收者用自己的话复述信息。如果听到的复述正如本意，则可增强理解与精确性。

当然，反馈不必一定以言语的方式表达，有时行动比言语更为明确。比如，销售主管要求所有下属必须整理好上月的销售报告，当有人未能按期上交报告时，管理者就得到了反馈；当你面对一群人演讲时，你总在观察他们的眼睛及其他非言语线索以了解他们是否在接收你的信息。

二、简化语言

1. 讲话要有重点

简化语言的重中之重就是讲话要有重点。很多人讲话的时候，将后背贴在椅背上，这表示他没有兴趣，从心理学上来看，这表示他的态度无所谓。但是一旦讲到他感兴趣的地方，会突然将身体从椅背上移开，移向你这个方向，这表示他在注意。但这种注意时间是有限的。在这关键的时间内，如果你讲得不好，他的后背又靠在椅背上了。所以，与人沟通时要先准备一下，你想要讲什么，一定要简明扼要，要有重点。比如，如果有人问你卖的是什么车子，你说劳斯莱斯，他说只准讲一句话，“每一个零件都是手工打造”无疑是重点的一句，因为世界上所有的汽车只有劳斯莱斯的每个零件都是手工打造的。

2. 善用比喻

即使很复杂的问题，也可以用简单的比喻讲出来。所谓善用比喻，就是举例子给人家听，例子因为生动，真实可信，非常容易触动别人，使听众一听就明白了。

爱因斯坦有一次参加一个晚会。有一位老太太跟他说：“爱因斯坦先生，你真是不得了啊，得诺贝尔奖了。”爱因斯坦说：“哪里，哪里。”“爱因斯坦先生，我听说你得诺贝尔奖的那个论文叫做什么相对论，相对论是什么东西啊？”什么叫做相对论呢？问他这个话的是一个70多岁的老太太，爱因斯坦要怎么回答呢？能量等于质量乘以光速的平方，这种相对论的公式，你跟她讲她能听懂吗？爱因斯坦马上就用比喻的方法告诉她了：“亲爱的太太，当晚上十二点钟，你的女儿还没有回家，你在家里面等她，十分钟久不久？”“真是太久了。”“那么亲爱的太太，如果你在纽约大都会歌剧院听歌剧《卡门》，十分钟快不快？”“真是太快了。”“所以太太，你看两个都是十分钟，相对不同，这就叫做相对论。”“哦，我明白了。”

三、主动倾听

我们在前面已经表述了倾听的重要性。在与别人沟通的时候，应当注意沉默在前，发表言论在后。我们常说言多必失，话讲多了就有漏洞。找准对方的“软肋”，最简单的方法就是先听他讲，然后抓住他的漏洞，而不是一开始就打断人家讲话；等我们反问他的时候，他就词穷了，这时无论说什么，他都会听得下去。

主动倾听，还要做到与对方沟通的时候，要不断地提出问题去澄清你的想法。大部分的问题都是“纸老虎”，越问越狭窄，越问越无处藏身，问题的答案就自然而然浮现出来了。很多人都不喜欢问问题，喜欢闷不吭声，这是不对的。所以一个人在听话和问话的时候，很快就会找到问题的答案。

第六章　沟通的方向

第一节　向上沟通——与领导沟通的技巧

人人都有自己的领导。上至国家领导，下至普通百姓，都是如此。对领导，有的人可能把他看作自己的朋友，也可能把他看作自己的“敌人”。与领导建立良好的人际关系，在工作中双方都会感到很愉快，于公于私都有好处。

一、向领导请示汇报的程序

1. 仔细聆听领导的命令

一项工作在确定了大致的方向和目标之后，领导通常会指定专人来负责该项工作。如果领导明确指示你去完成某项工作，那就一定要用最简洁有效的方式明白领导的意图和工作的重点。此时不妨利用传统的“5W2H”的方法来快速记录工作要点，即弄清楚该命令的时间（when）、地点（where）、执行者（who）、为了什么目的（why）、需要做什么工作（what）、怎么样去做（how）、需要多少工作量（how many）。在领导下达命令之后，立即将自己的记录进行整理，再次简明扼要地向领导复述一遍，看是否还有遗漏或者自己没有领会清楚的地方，并请领导加以确认。如果领导对目标的理解点头认可了，那么就可以进入下一个环节。

2. 与领导探讨目标的可行性

领导在下达了命令之后，往往会关注下属对该问题的解决方案，希望下属能够对该问题有一个大致的思路，以便在宏观上把握工作的进展。所以，作为下属，在接受命令之后，应该积极开动脑筋，对即将负责的工作有一个初步的认识，告诉领导初步解决方案，尤其是对于可能在工作中出现的困难要有充分的认识，对于在自己能力范围之外的困难，应提请领导协调别的部门加以解决。

3. 拟定详细的工作计划

在明确工作目标并和领导就该工作的可行性进行讨论之后，应该尽快拟定一份工作计划，再交与领导审批。在该工作计划中，应该详细阐述行动方案与步骤，尤其是对工作时间进度要给出明确的时间表，以便于领导进行监控。

4. 在工作进行之中随时向领导汇报

已经按照计划开展工作后，应该留意自己工作的进度是否和计划书一致，无论是提前还是延迟了工期，都应该及时向领导汇报，让领导知道现在在干什么、取得了什么成绩，并及时听取领导的意见和建议。

5. 在工作完成后及时总结汇报

工作完成后，应及时进行总结汇报，总结成功的经验和其中的不足之处，以便于在下一次的工作中改进提高。同时不要忘记在总结报告中提及领导的正确指导和下属的辛勤工作。至此，一项工作的请示与汇报才算基本结束。

千万不要忽视请示与汇报的作用，因为它是和领导进行沟通的主要渠道。应该把每一次的请示汇报工作都做得完美无缺，领导的信任和赏识也就会慢慢加深了。

二、请示汇报的基本态度

1. 尊重而不吹捧

作为下属，一定要充分尊重领导，在各方面维护领导的权威，支持领导的工作，这也是下属的本分。首先，对领导工作上要支持、尊重和配合；其次，在生活上要关心；再次，在难题面前要解围。有时领导处于矛盾的焦点上，下属要主动出面，勇于接触矛盾，承担责任，排忧解难。

2. 请示而不依赖

一般说来，作为部门主管在自己职权范围内大胆负责、创造性工作，是值得倡导的，也是为领导所欢迎的。下属不能事事请示，遇事没有主见，大小事不做主，这样也许会让领导觉得办事不力。该请示汇报的必须请示汇报，但决不要依赖、等待。

3. 主动而不越权

对工作要积极主动，敢于直言，善于提出自己的意见，不能唯唯诺诺、四平八稳。在处理同领导的关系上要克服两种错误认识：一是完全听从领导的意见，一味地根据领导的话去做，好坏没有自己的责任；二是自恃高明，对领导的工作思路不研究、不落实，甚至另搞一套、阳奉阴违。当然，下属的积极主动、大胆负责是有条件的，要有利于维护领导的权威，维护团体内部的团结，在某些工作上不能擅自超越自己的职权。

三、与不同性格领导的沟通技巧

由于个人的素质和经历不同，不同的领导就会有不同的领导风格。根据每一位领导的不同性格，在与他们交往的过程中区别对待，运用不同的沟通技巧，会获得更好的沟通效果。

1. 控制型的领导特征和与其沟通的技巧

(1) 性格特征　强硬的态度；充满竞争心态；要求下属立即服从；实际，果决，旨在求胜；对琐事不感兴趣。

(2) 沟通技巧　对这类领导，与他们相处，重在简明扼要、干脆利索，不拖泥带水，不拐弯抹角。无关紧要的话少说，直截了当、开门见山地谈即可。此外，他们很重视自己的权威性，不喜欢部下违抗自己的命令，所以应该更加尊重他们的权威，认真对待他们的命令。在称赞他们时，也应该称赞他们的成就，而不是他们的个性或人品。

2. 互动型的领导特征和与其沟通的技巧

(1) 性格特征　善于交际，喜欢与他人互动交流；喜欢享受他人对他们的赞美；凡事喜欢参与。

(2) 沟通技巧　面对这一类型领导，切记要公开赞美，而且赞美的话语一定要出自真心诚意，言之有物，否则虚情假意的赞美会被认为是阿谀奉承；应该和蔼友善，也不要忘记留意自己的肢体语言，因为他们对一举一动都会十分敏感。另外，他们还喜欢与部下当面沟通，喜欢部下能与自己开诚布公地谈问题，而不喜欢在私下里发泄不满的情绪。

3. 实事求是型的领导和与其沟通的技巧

(1) 性格特征　讲究逻辑而不喜欢感情用事；为人处世自有一套标准；喜欢弄清楚事情的来龙去脉；理性思考而缺乏想象力；是方法论的最佳实践者。

（2）沟通技巧　与这一类领导沟通时，可以省掉话家常的时间，直接谈他们感兴趣而且实质性的东西。对他们提出的问题也最好直接作答。同时，在进行工作汇报时，多就一些关键性的细节加以说明。

四、说服领导的技巧

对于领导的指示，要认真执行。那么，怎样说服领导，让领导理解自己的主张、同意自己的看法呢？

1. 选择恰当的提议时机

刚上班时，领导会因事情多而繁忙，到快下班时，领导又会疲倦心烦，显然，这都不是提议的好时机。总之，记住一点，当领导心情不太好时，无论多么好的建议，都难以细心静听。

那么，什么时候比较好呢？通常在上午10点左右，领导可能刚刚处理完清晨的业务，有一种如释重负的感觉，同时正在进行本日的工作安排，适时以委婉方式提出你的意见，会比较容易引起领导的思考和重视。还有一个较好的时间段是在午休结束后的半小时里，此时领导经过短暂的休息，可能会有更好的体力和精力，比较容易听取别人的建议。总之，要选择领导时间充分、心情舒畅的时候与之沟通。

2. 资讯及数据都极具说服力

对改进工作的建议，如果只凭语言，没有太大的说服力。但如果事先收集整理好有关数据和资料，做成书面材料，借助视觉力量，就会加强说服力。只有摆出新方法的利与弊，用各种数据、事实逐项证明，才能让领导不认为你有头脑发热、主观臆断的嫌疑。

3. 设想领导质疑，事先准备答案

领导对方案提出疑问，如果事先毫无准备，吞吞吐吐，前言不搭后语，自相矛盾，当然不能说服领导。因此，应事先设想领导会提什么问题，自己该如何回答。

4. 说话简明扼要，重点突出

在与领导交谈时，一定要简单明了。对于领导最关心的问题要重点突出、言简意赅。因此你在说服领导时，就要重点突出，简明扼要地回答领导最关心的问题，而不要东拉西扯，避免其他的话题分散领导的注意力。

5. 面带微笑，充满自信

一个人若是对自己的计划和建议充满信心，那么他无论面对的是谁，都会表情自然；反之，如果他对自己的提议缺乏必要的信心，也会在言谈举止上有所流露。试想一下，如果你的下属表情紧张、局促不安地对你说："经理，我们对这个项目有信心。"你会不会相信他？你肯定会说，我从他的肢体语言上读到了"不自信"这三个字，我不太敢相信他的建议是可信任的。同样道理，面对自己的领导时，要学会用自信的微笑去感染领导、征服领导。

6. 尊敬领导，勿伤领导自尊

无论你的可行性分析和项目计划多么完美无缺，也不能强迫领导接受它们。毕竟，领导统管全局，他需要考虑和协调的事情你并不完全明白。在阐述完自己的意见之后应礼貌地告辞，给领导一个思考和决策的时间。即使领导不愿采纳你的意见和建议，也应该感谢领导的倾听，让领导感觉到你工作的积极性和主动性。

第二节　向下沟通——与下属沟通的技巧

有朝一日，你成为一名部门主管，就需要关注怎样处理好与部下的关系。能否建立一个关系融洽、积极进取的团队，很大程度上取决于你是否善于与部下进行沟通，取决于你是否善于运用沟通技巧。

一、下达命令的技巧

命令是主管对部下特定行动的指示或指令。命令的目的是要让部下照你的意图完成特定的行为或工作；它也是一种沟通，只是命令带有组织阶层上的职权关系；它隐含着强制性，会让部下有被压抑的感觉。若主管经常都用直接命令的方式要求员工做好这个、完成那个，也许部门看起来非常有效率，但是工作品质一定无法提升，因为主管直接命令剥夺了部下自我支配的原则，压抑了部下的创造性思考和积极负责的心理，同时也让部下失去了参与决策的机会。

命令虽然有缺点，但要确保部下能朝组织确定的方向与计划执行，命令是必要的。那么如何使用命令权呢？

1. 正确传达命令意图

下达命令时，要正确地传达命令，不要经常变更命令；不要下一些自己都不知道原因的命令；不要下一些过于抽象的、让部下无法掌握命令的目标；不要为了证明自己的权威而下命令。正确地传达命令的意图，就要明确“5W2H”。

例：“张小姐，请你将这份调查报告复印 2 份，于下班前送到总经理室交给总经理；请留意复印的质量，总经理要带给客户参考。”

Who——张小姐，What——调查报告，How——复印品质好的副本，When——下班前，Where——总经理室，How many——2 份，Why——要给客户参考。

2. 使部下积极接受命令

要使部下积极接受命令，可用提升部下意愿的沟通方式替代大部分的命令。对“命令”的含义应该打破固有的窠臼，不要陷于“命令-服从”的固有认知。必须注意下列 5 个传达命令的沟通技巧。

(1) 态度和善，用词礼貌　“小张，进来一下”，“小李，把文件送去复印一下”。这样的用语会让下属有一种被呼来唤去的感觉，缺少对他们起码的尊重。因此，为了改善和下属的关系，使他们感觉自己更受尊重，你不妨使用一些礼貌的用语，例如：“小张，请你进来一下”、“小李，麻烦你把文件送去复印一下。”要记住，一位受人尊敬的主管，首先应该是一位懂得尊重别人的主管。

(2) 让部下明白这件工作的重要性　下达命令之后，告诉部下这件工作的重要性，如：“小王，这次项目投标是否能成功，将决定我们公司今年在总公司的业绩排名，对公司来说至关重要。希望你能竭尽全力争取成功。”通过告诉部下这份工作的重要性，以激发部下的成就感，提高部下的成就动机。让他觉得“我的领导很信任我，把这样重要的工作交给了我，我一定要努力才不负众望。”

(3) 给部下更大的自主权　一旦决定让部下负责某一项工作，就应该尽可能地给他更大的自主权，让他可以根据工作的性质和要求，更好地发挥个人的创造力。例如：“这次展示会交由你负责，关于展示主题、地点、时间、预算等请你作出一个详细的策划，下个星期你选一天我们要听取你的计划。”还应该让部下取得必要的信息，例如：“财务部门我已经协调好了，他们会提供一些必要的报表。”

(4) 共同探讨状况、提出对策　即使命令已经下达，进行了相应的授权，下属也已经明白了他的工作重点所在，但切不可就此不再过问事情的进展，尤其当下属遇到问题和困难，希望领导协助解决时，更不可以说“不是已经交给你去办了吗?”应该和下属一起共同分析问题，探讨状况，尽快提出一个解决方案。例如：“我们都了解了目前的状况是这样的，我们来讨论一下该怎么做?”

(5) 让部下提出疑问　可询问部下有什么问题及意见，如：“小王，关于这个投标方案，你还有什么意见和建议吗?”你可采纳部下好的意见，并称赞他。例如：“关于这点，你的意见很好，就照你的意见去做。”

上述5个传达命令的沟通技巧能提升部下接受命令、执行命令的意愿，领导的意图才能被部下积极地执行，才会让部下感觉到身处一个开放、自由、受尊重的工作环境。

二、赞美部下的技巧

1. 赞美的作用

要建立良好的人际关系，恰当地赞美他人是必不可少的。美国一位著名的社会活动家曾提出一条原则：“给人一个好名声，让他们去达到它。”事实上被赞美的人宁愿作出惊人的努力，也不愿让你失望。

赞美能使他人满足自我的需求。心理学家马斯洛认为，荣誉和成就感是人的高层次的需求。一个人具有某些长处或取得了某些成就，他还需要得到社会的承认。如果能以诚挚的敬意和真心实意的赞扬满足一个人的自我，那么任何一个人都可能会变得更令人愉快、更通情达理、更乐于协作。因此，作为主管，应该努力去发现能对部下加以赞扬的小事，寻找他们的优点，养成赞美的习惯。

2. 赞美的技巧

赞美部下作为一种沟通技巧，不是随意说几句恭维话就可以奏效的。事实上赞扬部下也有一些技巧及注意点。

(1) 态度要真诚　赞美部下必须真诚。每个人都珍视真心诚意，它是人际沟通中最重要的尺度。英国专门研究社会关系的卡斯利博士曾说过：“大多数人选择朋友都是以对方是否出于真诚而决定的”。所以，在赞美下属时，必须确认赞美的人的确有此优点，并且要有充分的理由去赞美他。

(2) 内容要具体　赞扬要依据具体的事实评价，除了用广泛的用语如：“你很棒!”“你表现得很好!”“你不错!”最好要加上具体事实的评价。例如：“你的调查报告中关于技术服务人员提升服务品质的建议，是一个能针对目前问题解决的好方法，谢谢你提出对公司这么有用的办法。”“你处理这次客户投诉的态度非常好，自始至终婉转、诚恳，并针对问题解决，你的做法正是我们期望员工能做的标准典范。”

(3) 要注意场合　在众人面前赞扬部下，对被赞扬的员工而言，当然受到的鼓励是最大的，这是一个赞扬部下的好方式；但是采用这种方式时要特别地慎重，因为被赞扬的表现若不能得到大家客观的认同，其他部下难免会有不满的情绪。因此，公开赞扬最好是能被大家认同及公正评价的事项。

（4）适当运用间接赞美的技巧　所谓间接赞美就是借第三者的话来赞美对方，这样比直接赞美对方的效果往往要好。比如见到下属业务员，对他说："前两天我和刘总经理谈起你，他很欣赏你接待客户的方法，你对客户的热心与细致值得大家学习。好好努力，别辜负他对你的期望。"间接赞美的另一种方式就是在当事人不在场的时候赞美，这种方式有时比当面赞美所起的作用更大。一般来说，背后的赞美都能传达到本人，这除了能起到赞美的激励作用外，更能让被赞美者感到对他的赞美是诚挚的，因而更能加强赞美的效果，沟通也就会更加卓有成效。

总之，赞美是人们的一种心理需要，是对他人敬重的一种表现。恰当地赞美别人，会给人以舒适感，同时也会改善与下属的人际关系。所以，在沟通中，我们必须掌握赞美他人的技巧。

三、批评部下的技巧

俗话说：良药苦口，忠言逆耳。有人认为，批评就是"得罪人"的事，所以有些主管从不当面指责部下，因而造成部下的不当行为一直无法得到纠正。有些主管指责部下后，不但没有达到改善部下的目的，反而使部下产生更多的不平和不满。之所以会产生这样的后果，原因在于批评他人的时候缺乏技巧。医药科技发展至今，许多良药已经包上了糖衣，早已不苦口了；那么为什么不能研究一下批评他人的技巧，使忠言变得不逆耳呢？

1. 以真诚的赞美做开头

俗话说：尺有所短，寸有所长。一个人犯了错误，并不等于他一无是处。所以在批评部下时，如果只提他的短处而不提他的长处，他就会感到心理上的不平衡，觉得委屈。比如一名员工平时工作颇有成效，偶尔出了一次质量事故，如果批评他的时候只指责他导致的事故，而不肯定他以前的成绩，他就会感到以前"白干了"，从而产生抗拒心理。心理学研究表明，被批评的人最主要的障碍就是担心批评会伤害自己的面子，损害自己的利益。所以在批评前帮他打消这个顾虑，甚至让他觉得"功大于过"，那么他就会主动放弃心理上的抵抗，对批评也就更容易接受。

2. 要尊重客观事实

批评他人通常是比较严肃的事情，所以在批评的时候一定要客观具体，应该就事论事。批评他人，并不是批评对方本人，而是批评他的错误行为，千万不要把对部下错误行为的批评扩大到了对他本人的批评上。比如，一名编辑校对清样时，发现版面上有一个标题字错了而校对人员却没有发现，这时可以说"这个字你没有校出来"，也可以说"你对工作太不负责任了，这么大的错误都没有校正出来"，很显然，后者是难以被对方接受的。因为也许对方只是一次无意的过失，却被上升到了责任心的高度去批评他，很可能把他推到对立面，使关系恶化，也很可能导致他在今后的工作中出更多的纰漏。

3. 不要伤害自尊与自信

不同的人由于经历、知识、性格等自身因素的不同，接受批评的能力和方式也会有很大的区别。在沟通中，我们应该根据不同的人采取不同的批评技巧。这些技巧的核心，就是不损对方的面子，不伤对方的自尊。例如："我以前也会犯下这种过错"、"像你这么聪明的人，希望你不要再犯这样的错误"。

4. 选择适当的场所

不要当着众人面指责，批评指责最好选在单独的场合，如独立的办公室、安静的会议室、休息室等。

5. 友好地结束批评

正面地批评部下，对方或多或少会感到一定的压力。如果一次批评弄得不欢而散，对方一定会增加精神负担，产生消极情绪甚至对抗情绪，这会为以后的沟通带来障碍。所以，每次的批评都应尽量在友好的气氛中进行，这样才能彻底解决问题。在批评结束时，不应该以“今后不许再犯”这样的话作为警告，而应该对对方表示鼓励，提出充满感情的希望，比如说“我想你会做得更好”、“我相信你”，并报以微笑，这样会帮对方打消顾虑，增强改正错误、做好工作的信心。

每个人都会犯错，有宽广的胸襟包容部下的过失，本着一颗爱护部下的心，正确、适时地指责，对部下、对部门都具有正面的功效。

第三节　水平沟通——与客户沟通的技巧

“接近客户的30秒，决定了推销的成败”。这是成功推销员共同体验的法则。本讲以推销员为例，谈与客户沟通的技巧。

一、接近客户注意点

从接触客户到切入主题的这段时间，要注意下列两点。

1. 迅速打开准客户的“心防”

任何人碰到从未见过面的人，内心深处总是会有一些警惕。当准客户第一次接触业务员时，他是“主观的”，也是带有“防备”心理的。“主观的”含义很多，包括对个人穿着、打扮、头发的长短、品位甚至高矮胖瘦等主观上的感受，而产生喜欢或不喜欢的直觉。由于主观的切入点，使准客户对于不符合自己价值观或审美观的人有一种自然的抗拒心理。“防备”心理是指由于人们对不太熟悉的人都会产生一种本能的防御，所以无形中就在准客户和业务员之间筑起了一道防卫的墙。因此，只有在迅速地打开准客户的“心防”后，才能敞开客户的心胸，客户才可能用心跟你谈话。

2. 推销商品前，先销售自己

“客户不是购买商品，而是购买推销商品的人”。这句名言流传已久。说服一个人不是仅靠强而有力的说辞，而是仰仗着推销人员举止言谈中散发出来的人格魅力。

丰田公司的神谷卓一曾说：“接近准客户时，不需要一味地向客户低头行礼，也不应该迫不及待地向客户说明商品，这样做，反而会引起客户逃避……与其直接说明商品不如谈些有关客户的太太、小孩的话题或谈一些社会新闻之类的事情。接近客户的重点是让客户对一位以推销为职业的业务员有好感，从心理上先接受他。”

二、接近客户的技巧

成功必须突破一些关口，如公司入口柜台的服务人员、秘书及关键人士。因此，要能顺利地达成面谈的目标，需要灵活运用一些技巧。

1. 面对接待员的技巧

去一个公司，最先面对的人就是公司的接待员。与其进行沟通的效果如何，往往会直接决定在该公司能否成功地开展工作。

① 用坚定清晰的语句告诉接待员你的意图。如："你好。我是××公司的业务代表××，请通知××，我来拜访他。"

② 适时和接待员打招呼。和拜访对象完成谈话后，离开公司时，一定要向接待员打招呼，同时请教她的姓名，以便下次见面时能立即叫出她的名字。

2. 面对秘书的技巧

通过了接待员的第一关，通常还会遇见秘书的询问。与秘书交谈，也有一些技巧。

① 向秘书介绍自己，并说明来意。说明来意可用简短、抽象性的字眼或用一些较深奥的技术专有名词，让秘书认为你的拜访是很重要的。

② 向秘书道谢，并请教对方的姓名。

③ 将名片或资料请秘书转交给拜访对象。

④ 尽可能从秘书处了解一些关于关键人士的个性、作风、兴趣及工作时间等，为下一步沟通做准备。

3. 会见关键人士的技巧

① 接近的技巧：会见关键人士时，可运用接近客户的谈话技巧。

② 结束谈话后的告辞技巧：谢谢对方在百忙当中抽时间会谈；再次确认此次会谈中彼此可能需要检查、准备的事项，以备下次再谈；退出门前，轻轻地向对方点头，面向对方将门轻轻扣上，千万不可反手关门。

三、获取客户好感的六大法则

1. 给客户良好的外观印象

人的外观会给人以暗示，因此，要尽量使自己的外观给初次会面的客户一个好印象。一个人面部上的眼、鼻、嘴及头发都会带给人深刻的印象，虽然每个人的长相是天生的，但是也能经由自己的注意而进行适当程度的修饰；穿着打扮也是影响第一印象的主要因素，一个连穿着都不注意的人，怎么能获得别人的信任呢？事实上客户在做决定的时候往往是感性的因素左右着理性的因素，否则"推销商品前先推销自己"这句话就不会成一句指导推销的金玉良言了。

2. 记住并常说出客户的名字

"记住人家的名字，而且很轻易地叫出来，等于给别人一个巧妙而有效的赞美"（［美］卡耐基）。名字的魅力非常奇妙，每个人都希望别人重视自己，重视别人的名字，就如同看重他一样。推销人员在面对客户时，若能经常、流利、不断地以尊重的方式称呼客户的名字，客户对你的好感也将愈来愈浓。

【故事】

沟通大师戴尔·卡耐基小的时候家里养了一群兔子，找寻青草喂食兔子成为他每日固定的工作，但是，有时候却没有办法找到兔子最喜欢吃的青草。因此，卡耐基想了一个方法：他邀请了邻近的小朋友到家里看兔子，要每位小朋友选出自己最喜欢的兔子，然后就用小朋友的名字给这些兔子命名。每位小朋友有了以自己名字命名的兔子后，每天都会迫不及待地送最好的青草给与自己同名的兔子。

3. 让客户有优越感

让人产生优越感最有效的方法是对他自傲的事情加以赞美。若是客户讲究穿着，可向他请教如何搭配衣服；若客户是知名公司的员工，可表示羡慕他能在这么好的公司上班。有一位爱普生公司的业务代表，每天约见客户时的第一句话就是："你的公司环境真好，能在这里上班的一定都是很优秀的人才。"通过一句简单的赞扬，一下就拉近了和客户的距离。客户的优越感被满足，初次见面的警戒心也自然消失了，彼此距离拉近，能让双方的好感向前迈进一大步。

4. 替客户解决问题

在与准客户见面前，若是能事先知道客户面临着哪些问题、有哪些因素困扰着他，若能以关切的态度站在客户的立场上表达对客户的关心，让客户能感受到你愿意与他共同解决问题，对方必定会对你产生好感。

5. 保持快乐开朗

快乐是会传染的，没有一个人会对一位终日愁眉苦脸、深锁眉梢的人产生好感。以微笑迎人，能让别人也产生愉快情绪的人，是最容易取得别人好感的人。推销人员认为：我很自信，我很快乐！通过这样一种自我沟通、自我暗示的方法，先让自己愉悦起来，再用这份愉悦和活力去感染他人，这样就为你和准客户的沟通奠定了好的基础。

6. 利用小赠品赢得准客户的好感

让客户觉得你不是来签合约的业务代表，而是来进行业务宣传、沟通彼此关系的使者。事实上，许多国际性的知名大公司都备有可以配合本公司 CIS（形象策划宣传）的小赠品，如印有公司办公大厦的小台历，印有公司 LOGO（标志）的茶杯、签字笔等，供业务代表初次拜访客户时赠送给客户。小赠品的价值不高，却能发挥很大的效力，不管拿到赠品的客户喜欢与否，相信每个人受到别人尊重时，内心的好感必定会油然而生。

第三篇 礼 仪 篇

第七章 礼 仪 概 述

第一节 礼仪的含义

在欧洲，“礼仪”一词最早见于法语的“etiquette”，原意是“法庭上的通行证”。

作为法庭，无论是在古代还是在现代，为了展示司法活动的威严性，保证审判活动能够合法有序地进行，总是既安排得庄严肃穆，又要求所有进入法庭的人员必须十分严格地遵守法庭纪律。例如，按照《中华人民共和国刑事诉讼法》和《中华人民共和国人民法院组织法》等法规规定，为了保证法庭的特有气氛和特殊秩序，开庭之前应由书记员当庭宣读法庭纪律。这些纪律包括：不准大声喧哗，未经审判长许可不准提问，未经法庭许可不准摄影、录像等。

古代的法国法庭也有类似的规定，不过它不是当庭宣读，而是将其写在或印在一张长方形的“etiquette”即通行证上，发给进入法庭的每一个人，作为其入庭后必须遵守的规矩或行为准则。

中国作为一个具有悠久文化的文明古国，素有“礼仪之邦”之美称。“礼仪”一词，很早就被作为典章制度和道德教化使用。

从字面上看，礼仪是由“礼”和“仪”两个词组合起来的。一般来说，“礼”属于伦理道德范畴，是尊重人的道德要求；而“仪”则是表达尊重的交际技巧或仪式。与之相关的词通常有这么几个：礼、仪、礼貌、礼节、礼仪，它们彼此联系，又相互区别。

一、礼

什么是礼？“礼之名，起于事神。”东汉许慎所著的《说文解字》对此也作了解释：“礼，履也，所以事神致福也。”也就是说，礼起源于祭祀活动，本意为敬神，表示敬意的活动。由于古代祭祀活动都有一定的规矩和仪式，后来又产生了礼节、礼仪的概念。所以，广义上的礼是现实生活中表示敬意的通称，是人们在社会生活中处理人际关系并约束自己行为以示尊重他人的准则。

在古汉语中，“礼”主要包含三层意思。

第一，我国奴隶社会和封建社会的等级制度，以及与之相适应的一整套礼节仪式。如《论语·为政》：“殷因于夏礼，其损益，可知也。”《礼记·曲礼上》：“礼不下庶人，刑不上大夫。”

第二，表示尊敬和礼貌。《左传·襄公二十二年》：“执事不礼于寡君”（执事指晋国国君。寡君指郑国国君）。

第三，礼物，即赠送的物品。《晋书·陆纳传》:“及受礼，唯酒斗，鹿肉一”。

《十三经》中的《周礼》、《仪礼》、《礼记》是三部儒家经典著作。《周礼》是专谈古代政治制度的书，礼是指典章制度。《仪礼》是记录战国以前贵族生活中各种礼节仪式的典籍，礼是指礼节仪式。《礼记》是关于“礼”的论文集，内容庞杂，礼是比较接近广义的礼的概念。

二、仪

“仪”既指容貌和外表，又指礼节和仪式。古代“仪”的含义主要有五个方面：法度、准则；典范、表率；形式、仪式；容貌、风度；礼物。

三、礼貌

礼貌，是人们在交往时相互表示敬重和友好的行为规范。一般是指在人际交往中，通过言语、动作向交往对象表示谦虚和恭敬。礼貌的本质是对人的体贴和尊重，它侧重于表现人的品质与素养，因此，良好的教养和道德品质是礼貌的基础。一个微笑、一个动作、一句问候甚至一个眼神都能体现一个人的品质与素养。一个人只有养成良好的礼貌习惯，才能于举手投足中令人赏心悦目。

四、礼节

礼节，是指人们在交际场合相互表示尊重、友好的惯用形式，是礼貌的具体表现方式。它与礼貌是相辅相成的，往往表现为具体的言行举止。没有礼貌，礼节就失去了存在的依托；没有礼节，礼貌的内涵就无法展现出来；有了礼貌，就必然伴有具体的礼节。因此，一个人只有讲礼貌、懂礼节才能表里如一。

五、礼仪

礼仪是个复合词语，由礼节和仪式两部分构成。它是指在人际交往中，自始至终地以一定的、约定俗成的程序、方式来表现的律己和敬人的完整行为，它是由一系列具体的、表现礼貌的礼节所构成的，是一个表示礼貌的系统、完整的过程。礼仪最基本的功能就是规范各种行为。如大型的庆典活动、签字仪式、迎宾送客等均有固定的礼仪程序，对参与人员的仪容仪表、言行举止均有一定的规范和要求。由此可见，礼貌是礼仪的基础，礼节是礼仪的基本组成部分，但礼仪更系统，程序更复杂和规范，也更具文化内涵，而且对一定群体中的人们有着约束力，要求他们自觉遵守。

【小结】 礼仪的上述含义主要表达了以下几层意思。

第一，礼仪是一种行为准则或规范。礼仪表现为一定的章法。所谓“入乡随俗，入境问禁”，就是说你要进入某一地域，你就要对那里的人的习俗和行为规范有所了解，并按照这样的习俗和规范去行动，这才是有礼的。礼仪与胡作非为是水火不相容的。

第二，礼仪准则或规范是一定社会的人们约定俗成、共同认可的。在社会实践中，礼仪往往首先表现为一些不成文的规矩、习惯，然后才逐渐上升为大家认可的，可以用语言、文字、动作来准确描述和规定的行为准则，并成为人们有章可循、可以自觉学习和遵守的行为规范。

第三，讲究礼仪的目的是为了实现社会交往各方的互相尊重，更好地实现交往各方的目的，从而达到人与人之间关系的和谐。在现代社会，礼仪可以有效地展现施礼者和受礼者的教养、风度与魅力，它体现着一个人对他人和社会的认知水平和尊重程度，是一个人的学识、修养和价值的外在表现。尊重是相互的，一个人只有在尊重他人的前提下，自己才会被他人尊重，人与人之间的和谐关系也只有在这种互相尊重的过程中，才会逐步建立起来。所以，从某种意义上说，遵守礼仪是人获得自由和尊重的重要手段和途径之一。

第二节　礼仪的重要性

孔子曾说过："不学礼，无以立。"

荀子曰："人无礼则不生，事无礼则不成，国无礼则不宁。"

晏子曰："人之所以贵于禽兽者，以有礼也。"

礼仪是一个人乃至一个民族、一个国家文化修养和道德修养的外在表现形式，是人类文明进步的重要标志，是做人的基本要求。礼仪是人们获得自尊与自信、社会组织获得理解与支持的重要手段。几千年来，人类对文明礼仪规范一直孜孜以求。中华民族自古以来就非常崇尚礼仪，号称"礼仪之邦"。就是说一个人要有所成就，就必须从学礼开始。在构建社会主义和谐社会的今天，深入开展礼仪教育，重塑中华民族文明礼仪的新形象，培养文明有礼的新一代，是十分必要和非常重要的。

礼仪的主要功能从个人的角度来看，一是有助于提高人们的自身修养；二是有助于美化自身、美化生活；三是有助于促进人们的社会交往，改善人们的人际关系，实现沟通目的；四是有助于净化社会风气。从团体的角度来看，礼仪是企业文化、企业精神的重要内容，是企业形象的主要附着点。从社会的角度看，礼仪有助于创造团结和谐的社会环境，提高全民族的文明程度，增强民族自尊，促进社会主义精神文明建设。

一、礼仪与个人形象

个人形象是指一个人的相貌、身高、体形、服饰、语言、行为举止、气质风度以及文化素质等方面的综合。这其中有先天构成要素，但更多要素是需要通过后天不断努力来加以改善和提高的。遵守基本的礼仪规范，可以给交往对象留下良好的第一印象，可以充分展示自身良好的教养与优雅的风度，可以更好地向交往对象表示尊敬、友好之意，赢得对方的好感。

二、礼仪与组织形象

组织形象是指社会公众心目中对一个组织机构的总体评价。包括组织的价值观念、组织的行为准则和规范、组织的传统习惯和道德修养、组织的礼仪文化。组织形象是组织最宝贵的无形资产，塑造和树立良好的组织形象是组织生存和发展的根本。因此，名牌组织对自己的组织形象格外重视，麦当劳的黄色 M，员工整齐划一的服饰和操作流程；可口可乐的 Coca-Cola 的标准字体、白色水线和红底色的图案……在一个成熟的买方市场中，消费者绝不会为一两个耀眼的广告、一两句动听的广告语而进行购买。在一个成熟的买方市场中，组织的竞争优势在哪？组织卖的或产的是什么？是组织形象。

礼仪是组织形象的核心内容之一，礼仪必须通过人来展现。所以，组织中的个人形象与组织形象不可避免地紧密联系在一起。在职场上，礼仪不再仅仅是个人素质的外在表现，更是组织文化内涵的体现。大凡国际化的大组织，对礼仪都有着极高的要求，原因就在于组织希望通过个人形式规范的礼仪表现出组织的整体素质，从而获得良好的公众评价。

三、礼仪与职业形象

职业形象是行业或组织的精神及文化理念与从业人员个体形象的有机融合，是个性化和规范化的统一。不同的行业和组织都有各自不同的文化理念，这就要求其从业人员的个人形象必须服从于组织形象，其个性的凸显必须在符合组织要求的前提之下。因此，职业形象必须是个体形象与组织形象的完美结合，不同行业的从业人员，其个体形象必须符合某类特定职业角色的要求。

著名的形象顾问法兰克曾经说过："你在职场中的威信，有五成来自于别人如何看待你。"面对竞争激烈的现代商业社会，想要在职场中脱颖而出，必须与形形色色的人打交道，这就必须学会与人相处。你的服饰打扮不符合要求，别人拒绝与你为伍；你的举止谈吐粗俗，别人对你敬而远之；你不尊重他人的宗教习俗，会令你功败垂成。而良好的礼仪可以更好地向对方展示自己的长处和优势，往往决定了机会是否降临。

四、礼仪与国家形象

我们都知道，一个国家的实力包括软实力和硬实力。硬实力是指国家的 GDP、科技实力、军事实力等，软实力就是指文化、文明礼仪以及修养水平等精神要素。哈佛大学肯尼迪政府学院前院长约瑟夫·奈教授认为，可以将软实力表述为一国的文化、价值观念、社会制度、发展模式的国际影响力与感召力。如果软实力做得好，国家的文化就容易被别人吸收，文化辐射力就强，国家的政策也就容易被别人理解，对外交往受到的障碍就相对少得多。随着改革开放的发展，中国国力的提高，世界对中国的关注也加大了，可以说整个世界在分析和看待中国。在这种形势下，当我们的公民走出国门的时候，当我们的公司走出国门的时候，就要严格遵循道德和文明礼仪规范，因为这涉及整个中国的形象问题。

【故事】

20 世纪 90 年代初，我国北方某省一位县长亲自出面接待一位想到当地投资建立制药厂的外商。途中两人谈话投机，外商深深为县长的宏论所折服。通过初步考察了解，这位外商决定在该县投资。但是，当外商在参观该县制药厂时，那位县长忽然一口浓痰涌上喉咙，再也憋不住了，"啪"的一声吐在了厂门口。这一行径立即引起外商的厌恶，他马上反悔，提出收回投资承诺。事后，外商给县长写了一封语重心长的信："您作为一县之长都这样没有修养，很难想象您的"臣民"会是什么样子？建药厂是为了治病救人，而不讲卫生，则可能造成谋财害命的结果……"

第三节 礼仪的基本原则

一、律己的原则

礼仪规范由对待个人的要求和对待他人的做法两大部分构成。对待个人的要求，是礼仪的基础和出发点。学习和应用礼仪，最重要的就是要自我要求、自我约束、自我控制、自我对照、自我反省和自我检点。

二、敬人的原则

在礼仪中，有关对待他人的做法，比对待个人的要求更重要，这一部分实际上就是礼仪的重点和核心。而对待他人的诸多做法中最要紧的一条，就是要敬人之心常存，处处不可失敬于人，不可伤害他人的尊严，更不能侮辱对方的人格。掌握了这一点，就等于掌握了礼仪的灵魂。

三、宽容的原则

要求人们在交际活动中运用礼仪时，既要严于律己，更要宽以待人。要多容忍他人，多体谅他人，多理解他人，千万不要求全责备，斤斤计较，过分苛求，咄咄逼人。

四、平等的原则

平等是礼仪的核心，即尊重交往对象、以礼相待。在这一点上，对任何交往对象都必须一视同仁，给予同等程度的礼遇。不允许因为交往对象彼此之间在年龄、性别、种族、文化、身份、财富以及关系的亲疏远近等方面有所不同而厚此薄彼，给予不同待遇，但可以根据不同的交往对象，采取不同的具体方法。

五、真诚的原则

在人际交往中运用礼仪时，务必诚实无欺、言行一致、表里如一，只有如此，自己在运用礼仪时所表现出来的对交往对象的尊敬与友好，才会更好地被对方理解并接受。

六、适度的原则

有人考证“礼”字古时通“履”字，意为鞋子，鞋穿上后更好走路，但大了不行，小了也不行，因此“礼”一定要适度。这要求在应用礼仪时，为了保证取得成效，必须注意技巧及其规范，特别要注意做到把握分寸、认真得体。

七、从俗的原则

由于国情、民族、文化背景的不同，必须坚持入乡随俗，与绝大多数人的习惯做法保持一致，不可以目中无人、自以为是，应该尊重习俗原则与风俗禁忌。

【故事】

在一次印度官方代表团来我国某城市进行友好访问时，为了表示我方的诚意，有关方面做了积极的准备，就连印度代表团下榻的饭店里，也专门换上了舒适的牛皮沙发。可是，在我方的外事官员事先进行例行检查时，这些崭新的牛皮沙发却被责令立即撤换。原来，印度人大多信仰印度教，而印度教是敬牛、爱牛、奉牛为神的，因此，无论如何都不应当请印度客人坐牛皮沙发。

第八章　日常生活礼仪

“礼出于俗，俗化为礼”，约定俗成的礼仪规范随着社会的发展，成为人们思想道德素质中最基本、最起码的要求。日常生活礼仪是人们在彼此交往中应具备的最基本的礼仪常识，它反映了人们在社会生活中最一般的道德关系，是一个文明人应当具备的最基本的修养。

第一节　仪容礼仪

【引例】

一位35岁的女士在找工作时，发现招聘广告普遍要求年龄在30岁以下，她想先试一试。她走进一家公司，经理问她年龄，她想了想，还是说了实话：“35岁。”经理看了看她，说：“你有35岁吗？看起来也就二十七八岁吧。”她笑了笑，说：“我认为你对我的经验和工作能力会更满意。”她最终获得了这份工作。其实她长得并不是很漂亮，但她化了淡妆，显得十分精神，而且充满自信。

一名刚毕业的大学生，有着高学历，在实习过程中老师也给了很高的评价，但他先后到20多家单位面试却一无所获，究其原因，是他面试时从不主动向考官打招呼，站立时弯腰驼背，坐下之后喜欢跷二郎腿，考官普遍认为他没有担当管理人员的能力。

仪容主要是指一个人的容貌，是仪表的重要组成部分，包括面容、发式及身体未被服饰遮掩的肌肤部分。但严格地说，仪容指的是按照社会审美观念进行修饰后符合礼仪规范的容貌。

一个人的仪容，主要受到以下两大要素的制约：第一，本人的先天条件。一个人相貌如何，通常主要受制于血缘遗传。第二，本人的修饰维护。修饰与维护，对于仪容的优劣而言往往起着一定的作用。一个人倘若不注意对仪容进行合乎常规的修饰或维护，往往在他人的心目中也难有良好的个人形象可言。

【资料】 人的相貌是可以改变的

许多研究表明，当一个人随着岁月的推移日趋成熟的时候，其知识、智慧、才能、品格及性格会在他（她）脸上留下痕迹。日本研究夫妻关系的专家发现，一些卓有成就的男士面部表情威严睿智，而他们的妻子却庸俗不堪。这是为什么呢？原因就在于这些男士还是小职员的时候与门当户对的妻子结婚，但是婚后由于工作需要也罢、自身完善需要也罢，他们每天大量地接触着外来的信息，不停地追求着更高的目标。而他们的妻子却沉溺于小家庭生活，每天围着柴米油盐、锅碗瓢盆、奶瓶尿布转。久而久之，原先较相似的两个人慢慢变得气质、性格、才能、智慧相距甚远了。所以说，外貌是可以改变的，把父母遗传下来的外貌靠自身的追求奋斗增加高贵的气质并非不可能。

一、仪容礼仪的基本要求

1. 讲究个人卫生，保持仪表整洁

个人卫生可以反映社会的文明程度，体现社会风尚，也是良好的个人仪容所必须具备的基本要求。

在工作岗位上，要求仪表仪容干净、整洁，就是要做到并保持身体无异味、无异物，服饰不残破、无皱褶。坚持不懈地做好仪容细节的修饰工作，要做到服装挺括、精神振作、整齐利落，使人感到愉悦，包括面容、头发、脖颈与耳朵、手、服饰等方面的整洁；服装应是平整无皱褶的，扣子齐全，衣领袖口或其他地方无污渍。

2. 穿着得体美观，打扮端庄自然

衣着是人们审美的一个重要方面。现代服装除了御寒、遮羞外，还具有一系列功能，如体形展现、性别识别、职业区别、情感表达、经济状况的反映等。服装是人际交往中的一种无声语言，它能反映一个人的社会生活、文化水平和修养。在社交活动中根据自身特点和特定场合，选择得体的服装，并穿出一定的品位，能使人增添几分魅力。

穿着得体，就是在整理、修饰仪表仪容时，力求简练、明快、方便、朴素，要力戒雕琢、烦琐；要求端庄、斯文、雅气，而不花哨、轻浮、小气；要根据着装、自身特点、场合需要，选择佩戴饰品。

二、仪容修饰的基本规范

（一）头部修饰

人体的头部，是人物形象中最能体现人物特征的部位，而头发则是美的制高点。在人与人之间的交往中，我们对他人的判断往往从头开始。尤其是女性更要注意头部的修饰，俗话说：“男人看腰，女人看头。”

【资料】

日本著名企业家松下幸之助每次做头发都一定要到东京最高级的发型屋去，不是因为他有钱，而是因为他认为，个人形象代表了企业形象。如果身为企业的领导，给人以不修边幅的印象，那么，人们一定会认为这个企业的产品质量低劣，对企业产生不信任的感觉。可见，作为一名职业人员，一定要根据自身的形象、身份、职业、性别、年龄来设计发型，力求既符合职业需求，又符合审美需要。

1. 发型修饰的基本原则

（1）职业性与流行性　由于发型的选择必须适合于各种不同的场合与情况，对职业的考虑是非常必要的。在严肃的工作场合，应时刻注意自己的身份，切勿过分追求潮流；当然，也不能蓬头垢面，与时代脱节。

（2）实用性与美观性　职业人员的发型应当传统一些、规范一些。但朴素端庄不等于落伍守旧，追求实用不等于抛弃美观，无论在造型、梳理方式乃至用途上，都应当包含现代审美观念。男士应当展示出符合时代要求的阳刚之气，或潇洒帅气，或朴实大方，或儒雅大气；女士则应端庄持重、干练大方而不失柔美。

（3）个性与特性　发型要适合个人的性格特点和身体特征，并与追求的风格和谐统一，更能表现出一个人高雅的趣味和含蓄的风度。每个人的生活背景不同，从业环境不同，审美观念不同，在发型的选择上必然存在着差异，不应追求职业的共性而放弃个性的追求，也不应不管自身条件盲目追求所谓的个性。

2. 发型的选择

发型在一定程度上是时代的留影，也历来是人们审美趣味的中心，它既是保护、美化头部的能动因素，又是修饰面部审美格调的“重彩”。选择发型总的原则是男性应讲究阳刚之美，女性则崇尚阴柔之美。在选择发型时必须考虑的因素，首先是自己的职业，即应以工作为重，做到发型与工作性质相称。具体地说，应考虑以下因素。

(1) 发质 各人的发质不一，有的自然卷发、有的服帖，有的浓密、有的细少，有的直硬、有的柔软，不同的发质适合不同的发型。选中了适合自己发质的发型以后，就可以配合理发师把自己的头发修剪得更美丽。

(2) 脸型 注意强调个人脸部的个性，突出脸部的轮廓。如脸型不尽如人意，则注意发型对脸型的修饰，切忌一味模仿他人。

(3) 服装 着西装要梳理得端庄、艳丽、大方；着礼服要显得庄重、高雅；着运动衫要给人以活泼、潇洒的感觉。女性着皮制服装、连衣裙，可选披肩发、盘发、梳辫子等。

(4) 体型 矮胖体型者不宜选择披肩长发、卷发或蓬松发型，而应选择短发、直发，减轻沉重感，显得活泼、俏丽；瘦长体型者选择长发、卷发则效果较好，既可掩饰体型的单薄，又显得潇洒、飘逸；圆脸型者宜将头发梳高，使脸部视觉拉长，避免刘海遮住额头；长脸型者则相反。只有根据自身的条件及个性选择合适的发型，才能获得最佳效果。

(5) 场合 一个人，尤其是女同志，应为自己设定三至四种理想的发型，以适合不同场合。一般来讲，出席较正式场合的发型，应讲究严谨；出席朋友聚会，应讲究平易活泼；普通生活发型，应讲究轻松随和。

3. 发型修饰的基本要求

(1) 干净 头发干净是最基本的要求。要做到这一点，只有勤洗头、常护理。要让头发闪闪发亮就要保持头发的清洁，养成周期性洗头的习惯。坚持洗头，可以减少头皮屑，减轻对衣领的玷污。洗发用一般的洗发液即可，不一定非用高级的护理药物。除非需要，不要使用强热风吹发，强风会使头发干燥、易于折断。头发的润泽是非常重要的，一头秀发，可以增加许多光彩。要保持一头秀发，就要常护理。

(2) 整齐 梳理头发是每天必做的事，而且还应不止一次。一个人的头发凌乱不堪会让人难以接受，感觉不舒服。在出门前、上岗前、摘下帽子时、下班回家时、其他必要时都要自觉梳理头发，保持头发整齐。

(3) 美化 为了养护自己的头发，或者使其显得更加漂亮，时常会采用一些养发、护发、美发用品对其加以打扮、保护，或是使用一些装饰品对其进行装扮。这就是所谓发部的美化，亦称美发。就一般情况而言，人们在进行美发时最为常见的方法有护发、染发、烫发、戴假发，以及戴帽子、发饰等。除了艺人等特殊行业人员外，男士头发的基本原则是“前发不覆额，侧发不掩耳，后发不及领”；女士也最好剪短发，头发长度不宜超过肩部，显得干净利落。如果是长发，会客的时候必须挽束在后，不宜披头散发。女士头发过长，一是容易乱，二是显得不够精神，三有故意吸引他人注意之嫌。

(二) 面部修饰

面部修饰的重点在眼部、口部、鼻部和耳部，通过修饰，使之整洁、卫生、简约、端庄。

1. 眼部修饰

人们常说“眼睛是心灵的窗户”，是人们首先注意的部位，所以应首先保持眼部的清洁，及时除去眼角出现的分泌物。

其次要注意眼镜的配戴。人们为了矫正视力、保护眼睛或追求时尚，常常会戴一副眼镜。从社交礼仪的角度讲，人们戴眼镜，一要注意眼镜的质量、度数、款式是否适合于本人；二要注意保持眼镜的清洁，经常擦拭和清洗；三要注意戴墨镜（太阳镜）的礼规。墨镜主要适合人们在室外活动时戴，以防紫外线损害眼睛；但在室内工作或进入别人写字间、居室时，则应及时摘下。

最后是注意修眉。眉毛的形状是容貌的重要组成部分，它能表现人的个性，对人的脸型也起相当的作用。我们不提倡文眉，但可进行必要的修剪。精心修剪的眉毛可使整个脸部显得平衡、清晰。

2. 口部修饰

口部除了口腔之外，还包括它的周边地带。口部修饰首要是注意口腔卫生，坚持刷牙，防止产生异味。从卫生保健角度讲，刷牙最好做到“三个三”，即每天刷 3 次，每次刷牙宜在饭后 3 分钟进行，每次刷牙用时 3 分钟。其次，与人交往应酬前应禁食容易产生异味的食物，如葱、蒜、韭菜、虾酱、腐乳及烈酒等，也不要吸烟。必要时可含茶叶、口香糖以除异味。男士最好坚持每天剃须，这样既令自己显得精明强干，又充满阳刚之气。如果“胡子拉碴”与人交往，往往印象不佳。

3. 鼻部修饰

修饰鼻部重在保养，鼻上及其周围若是生疮、暴皮、生出“黑头”，则影响美观。鼻部是面部的敏感区，保养的正确方法是不要乱挤、乱抠。清理鼻垢时，应回避他人，不要当众擤鼻涕、挖鼻孔，清理鼻垢宜用纸巾或手帕悄然进行。同时，要注意及时修剪鼻毛。

4. 耳部、颈部修饰

修饰耳部主要是及时清除耳垢和修剪耳毛。

颈部是人体最易显现年龄的部位，因此在进行眼、嘴、鼻、耳修饰的同时，也要同修饰脸部一样修饰脖颈，保持颈部皮肤的清洁，并加强颈部的运动与营养按摩，会使颈部皮肤绷紧、光洁动人。颈部的营养按摩一般从 20～25 岁开始为宜，如果年龄增大、皮肤衰老，待出现皱纹以后再寻找消除方法，恐怕会事倍功半。因此，宜尽早护理，才能延缓衰老。

5. 面部的美容与化妆

一个人的容貌，很大成分是人的学识、修养、心理等综合因素的外溢。在公务场合和人际交往中，进行适度的美容与化妆是必要的。进行面部的保养与化妆可以达到美化自己、尊重他人、振奋精神、增强自信和塑造良好职业形象的目的。正如一副对联所云：“十分容颜，五分造化，五分妆成；两颊品貌，一半生成，一半饰成。”

面部的美容是指人们通过各种手段对自己的面容进行的修饰与养护；化妆是指使用专用的化妆用品所进行的仪容修饰。尤其是女性，适度而得体的修饰，可以体现端庄、美丽、温柔、大方的独特气质。

6. 皮肤的日常保养

皮肤是人体最大的体表器官，它覆盖全身，是人体抵御外界有害因素侵入的第一道防线，具有调节体温、吸收、排泄、分泌、免疫和参与代谢等多项生理功能。同时，皮肤也是人体最大的感觉器官和最引人注目的审美器官，传递着人体的美感信息。尤其是面部皮肤的健美，它是整个人体健美的一面镜子。

容光焕发、富有弹性的肌肤既是身体健康的标志，也是构成仪表美的重要组成部分。保持健美的肌肤是美容的基础。皮肤越润泽、细腻，化出的妆就越自然；反之，如果皮肤粗糙，化妆品不能与其融为一体，就给人不自然的感觉。随着年龄的增长，人的皮肤会老化，产生皱纹，失去光泽和柔韧性，这是一种自然生理现象。然而，通过科学的方法却可以减慢皮肤的老化过程，使皮肤的青春期多保持一段时间。

（三）肢体修饰

1. 上肢修饰

上肢即手臂，手被称为人的第二张脸，在社交活动过程中，无论是握手寒暄、递送名片、献茶敬烟，还是垂手恭立，手始终都处于醒目之处。在人际交往中，有一双清洁、柔软的手，能增添他人对你的好感。根据礼仪的需求，我们对手部应注意以下几点。

（1）勤剪指甲　勤剪指甲是讲究卫生的表现，因此要养成“三日一修剪，一日一检查”的良好习惯。从卫生角度讲，留长指甲有弊无利；但从爱美出发，选留长指甲也未尝不可，但要注意清洁而富有光泽。

（2）不在指甲上涂饰彩妆　出于保护指甲的目的，可以使用无色和自然肉色指甲油。它能增强指甲的光洁度和色泽感。但若非专业的化妆品营销人员，一般不宜在手指甲上涂抹彩色指甲油。色彩过于鲜亮（如橘红色、朱红色等）或过于凝重（如黑色、灰色等）的指甲油对大多数职业女性是不适宜的。也不宜在手背、胳膊上使用贴饰、刺字或者刻画。

（3）不外露腋毛　在较为正式的场合，一般不要穿裸露肩部的上衣，即使有必要穿无袖装时，也要先剃去腋毛。如让腋毛外露则极不雅观。

2. 下肢的清洁与修饰

在人际交往中，人们观察一个人常有“远看头，近看脚”的习惯。因此，对下肢也需保洁与修饰，避免“凤凰头、扫帚脚”的上下不相称的弊病。

（1）保持下肢的清洁　一要勤洗脚。人的双脚不但易出汗，且易产生异味，必须坚持每天洗脚，而且对于趾甲、趾缝、脚跟、脚腕等处要面面俱到。二要勤换鞋袜。一般要每天换洗一次袜子，才能避免脚臭。还要注意尽量不穿不透气、吸湿性差、易产生异味的袜子。对于鞋子，也要注意勤换和清洗、晾晒。

（2）下肢的适度掩饰

① 不裸腿：男性光腿，往往会令他人对其“飞毛腿”产生反感；女性光腿则有卖弄性感之嫌。因此，要尽量少光腿穿短下装。

② 不赤脚：在比较正式的场合，不允许充当“赤脚大仙”和穿超短裙，也不宜赤脚穿鞋。这不仅是为了美观，而且是一种礼貌。

③ 不露趾：在比较正式的场合，不能穿凉鞋和拖鞋，即使穿了袜子，露趾、显跟也有损自己的形象。

三、女性化妆的有关知识

1. 化妆应与年龄相适应

不同年龄的女士应采用不同的化妆方法。如年轻的女性适于用清淡的化妆法，过厚的底色，过于浓重的眼影、腮红和唇色，会使少女失去应有的纯真和自然，淡雅的妆面却能保持少女的青春气息。中年女性的皮肤不如少女的柔嫩光洁，眼角等处也出现了细细的皱纹，适度的浓妆比较相宜。老年女性应使用乳液状化妆品来滋润皮肤，而应避免扑粉。为使肤色保持一致，涂底色时要涂抹至喉咙或颈脖处。眼睑处的皱纹，可用乳状眼影膏或柔软的眼线笔加以掩饰。单纯光亮的口红会使中年女性的上唇皱纹更明显，而选用带珍珠色系列的口红，可以丰润嘴唇，使之富于光泽和显得年轻。

2. 化妆的浓淡要与时间、场合相协调

化妆不仅应随季节的变换而变化，而且白天和晚上亦有所不同。白天，在自然光下，一般女士略施粉黛即可；职业女性的工作妆也应以淡雅、清新、自然为宜。参加晚间娱乐活动的女士则宜着浓妆。

不同的场合，化妆亦有不同。大体说来，生活妆宜淡，清淡的生活妆能给人友好、热情、开朗、健美的好印象，是增进与家人、邻居、同事以及上下左右情感的催化剂。社交妆宜雅，不论是公关活动、洽商公务，还是走访亲友、赴约聚会、旅游度假，化妆均应雅。盛会妆宜浓，宴会、舞会大都安排在晚间，隆重热烈，不乏名媛淑女，竞相展示美，按照礼仪标准，要求浓妆艳抹，使容貌明艳靓丽、光彩照人，这也是尊敬宾客的表现。

3. 化妆礼规与禁忌

(1) 避人　化妆属个人私事，只能在无人在场的情况下悄然进行。修饰避人，这是一条重要的礼仪原则。所谓修饰避人，是指维护仪容仪表的全部工作应在“幕后”进行。如在公共场合化妆，会显得缺乏教养，是既不自尊也不尊人的表现，有时还会招惹是非，甚至有辱自身。也不要在异性面前化妆，以免发生搔首弄姿、吸引异性之嫌，使自己形象失色。

(2) 勿残妆示人　化妆要有始有终，维护妆面的完整性。为此，化妆后要常做检查，特别是在休息、用餐、饮水、出汗、更衣之后，要及时自察妆容；发现妆面残缺，要及时抽身补妆，切莫以残妆示人；补妆时也应回避他人，而且补妆方法要得当，重在补妆容残缺之处。

(3) 勿评论他人　一个人化妆与否，怎样化妆，纯粹是个人自由。除了推销化妆品的销售人员以外，他人不得议论别人的化妆；除了别人主动讨教以外，也不得批评、指责别人的化妆；当然也不宜打探别人所用化妆品的品牌、价格及化妆的具体方法。

第二节　服 饰 礼 仪

见人不可不饰。不饰无貌，无貌不敬，不敬无礼，无礼不立。——孔子

服饰是一种文化，穿着是一门艺术，它能够反映一个国家、一个民族的文化素养、精神文明与物质文明发展的程度。穿一身美观得体的服装出现于公共场合并非是一件随心所欲的事情。服装是人们审美的一个重要方面，着装大方和整洁有一种无形的魅力，得体的服饰与装扮可以“画龙点睛，烘云托月”，将人体的曲线美、协调美、韵律美衬托得更加光彩照人，把女性的天生丽质与男士的俊秀潇洒展示得更加淋漓尽致。服饰还是一种语言，它在表达对人是否尊重的同时，还表达了一个人的社会地位、文化品位以及生活态度等。

服饰有广义和狭义之分。广义的服饰是指人的服装穿着、饰品佩戴、美容化妆几个方面的统一；狭义的服饰仅指衣着穿戴，也就是对人们衣着及其所用装饰品的一种统称。本节从狭义的角度，讲解着装和饰品佩戴礼仪。

一、着装礼仪

(一) 着装礼仪的原则

1. 整洁

着装不一定追求高档时髦，但要庄重整洁，避免邋遢。整洁原则的要求：一是整齐，不折不皱；二是清洁，勤换勤洗；三是完好，无破损、无补丁。

2. 个性

着装是一种艺术，极富灵性，且个性鲜明。着装的个性原则要求选择着装的造型、款式、色彩、质地都要体现个性，符合自己的体型、肤色和气质，隐丑显美。如矮个子的男性适合穿两扣西服，高个子可以穿宽翻领的四扣西服。

3. 和谐

“美在和谐”。着装要与年龄、性别、职业、体型、肤色、季节、场合等相协调。如，青年人的着装可鲜艳、活泼些，以展现其青春和活力；中老年人的着装则要注意庄重雅致，以体现其成熟、稳重、严肃、大方的气度。

4. 文雅

着装是人类文明生活不可缺少的内容，是人的内在美与外在美的统一。文明原则要求着装文明大方，符合社会的传统道德和常规做法，忌穿过露、过透、过短、过紧的服装，也不宜一味追求怪异。

5. TPO 原则

TPO 是英语单词时间（time）、地点（place）和目的（objective）三个单词的缩写。这个原则的基本含义，是要求人们在服装穿着和饰品佩戴等方面，都必须适应具体的时间、地点和目的要求。

“T”代表时间，在这里泛指早晚、四季和时代性。如在西方，男士午前或白天不能穿小礼服，夜晚不能穿晨礼服。一年之中又要分为春装、夏装、秋装和冬装。如春秋季宜选穿中浅色调的着装，冬令着装色调以偏深色为宜，夏装可选丝棉织物，色调以淡雅为宜。所谓时代性，是说着装应顺应时代发展的主流和节奏，不可超前，亦不可过于滞后。

“P”代表地点，主要指着装穿戴者将要出现的时空环境。我们可以把所处的具体环境分为公务、社交和休闲等三大类型，据此决定自己的穿着打扮。上班时的穿着要庄重、大方、传统，适合于穿制服、西装、中山装、套裙、连衣裙；社交时的穿着打扮则要时尚、典雅，展现个性，适于穿礼服、时装和民族服装等；休闲时的穿着要求最低，只要方便、自然、舒适得体即可，适于穿家居便装、牛仔装、运动装、沙滩装等。

“O”代表目的，主要是指意欲通过穿着打扮给别人留下的印象。女士穿西式套裙去办公事，主要是为了使自己显得成熟稳重；穿着旗袍去赴宴，意在展示自己所独具的女性魅力；而穿上一身牛仔装与友人郊游踏青，则是为了使同行者感到轻松愉快、平易近人。

【资料】

美国著名服饰专家约翰曾做过一项研究，他派手下去拜访 100 家公司，其中 50 家穿便服，50 家穿高档西装，而且事先已经告诉这些公司他的助理即将到访。当助理要求对方调出三份职员档案时，穿西装时有 42 次在 10 分钟内办到，而穿便服时只有 12 次；与公司谈合作意向，穿西装时拿到了 30 份意向书，而穿便服时只拿到 4 份。

（二）不同场合的着装要求

1. 喜庆场合

喜庆场合一般是指生日纪念、结婚庆典、节日纪念及其他联欢晚会等。这些场合大都具有气氛热烈、情绪昂扬、欢快喜庆的特点，所以，要求人们在着装上也相应地热烈一些、明快华丽一些。如男性除了在正规的喜庆场合一般应着深色中山装、西装或自己民族的服装以外，其他的喜庆场合如聚会、游园等可以着各种便装，如夹克、牛仔服等，但要穿得大方、整洁，千万不要穿皱巴巴的衣裤。一般来说，除婚礼外，主人的穿着应以素雅为宜，不要华丽、太暴露。如出席婚礼，女性的服装则以轻松洒脱、色彩鲜艳的裙子、套装、旗袍为宜，并注意穿着打扮不宜过于出众、耀眼，以免喧宾夺主，也不要打扮得过于怪异。

2. 庄重场合

庄重场合主要是指除了喜庆场合以外的庆典仪式、正式宴会、会见外宾等场合。这种场合的着装要以庄重、高雅、整洁为基调，如果请柬上规定来客一律穿礼服，那么男女宾客都应服从，而不可别出心裁。严肃、庄重的场合，一般不宜穿着夹克衫、牛仔裤等便装，女性不能穿超短裙。除规范着装外，还要注意着装礼貌。比如手不要随意插在裤兜里；进入室内除女士的薄纱手套、帽子、披肩、外套允许穿戴外，男士进入室内场所均应摘帽，脱去大衣、围巾、风雨衣，并送存衣处；不要当众解开衣扣或脱下上衣，如果室温很高，经主人同意，可以宽衣。

3. 悲哀场合

悲哀场合主要是指殡葬仪式、吊唁活动、扫墓等场合。这种场合的气氛比较悲哀、肃穆，所以，要求人们在着装上应注意以下几点。

服装的颜色要以黑色或其他深色、素色为主，切忌穿红着绿，也不宜穿有花边、刺绣或飘带之类装饰物的服装，以免显得轻佻、不庄重。

服装的款式要尽量选择比较庄重、大众化一些的，不要穿各类新潮时髦、显得怪异和轻飘的服装，以免冲淡庄严肃穆的气氛。着丧服的原则是不露肌肤，所以不能穿大领圈、无袖的服装，以穿西服、套裙为宜。

（三）着装色彩的搭配

没有不美的颜色，只有不美的搭配。不同的色彩搭配会显出不同的格调。从着装美学的角度讲，着装色彩的搭配与组合的基本方法大体有以下四种。

1. 同色系着装搭配

这是运用同一色系中各种明度不同的色彩进行搭配。假如选用灰色系的色彩将自己的外套、套裙和衬衫进行搭配与组合，可采用“由深入浅”的方法，即外套选深灰色、套裙选中灰色、衬衫选浅灰色；或者反过来亦可采取“由浅入深”的搭配方法。又如浅灰色上衣与深灰色的裤子相配也属同色搭配。在同色系搭配中，应注意同色系中深浅程度的颜色之间的衔接与过渡，应力求自然、平稳，避免生硬，明度差异不宜太大或太小，太大给人以断裂失衡的感觉；太小又相互混淆，缺乏层次感。运用同色搭配，意在以简洁的配色来创造一种和谐的美感。“色彩要少，款式要新”，这是世人公认的着装高品位的一个标志。

2. 相似色着装搭配

这是用色谱上相邻的颜色进行搭配的方法。如红配黄、黄配绿、绿配蓝、白配灰等。运用相近的色彩配色，自由度比较大，难度也较大，但只要匠心独运，就会使我们身上的着装颜色既丰富多彩又柔和协调。运用相近的色彩搭配，应遵守着装礼仪的“三色原则”，即在正式场合，所使用的着装配色包括西服套装、衬衫、领带、腰带、鞋袜等在内的一切着装，都不应超过三种颜色。因为从视觉上讲，着装的色彩在三种以内较好搭配而且比较协调，否则就会显得杂乱无章。

3. 对比色着装搭配

各种色彩都有与之相对应的色彩，如红与蓝、黄与蓝、黄与紫、绿与紫、黑与白等，都是常见的对比色。从本质上讲，一对对比色实际上是由两种相互排斥的色彩组成的。如运用得当，可以相映生辉，给人以清新、明快、耳目一新的感觉。如穿一件黑色的真丝旗袍，再配以洁白的珍珠项链或白色的钻石胸针时，所佩戴的白色首饰就会更加醒目、更加迷人。

4. 主色调着装搭配

这种配色方法首先要决定整套着装的基调是偏冷还是偏暖，其次选择某一色作为主色。主色应与整套着装的基调一致。暖色调的着装，主色应选暖色；以冷色为基调的着装，主色应选冷色。主色在整套着装中应占较大比例的面积或占较重要的位置。最后再选择辅色，但大部辅色要与基调的冷暖性质相同。

上述四种方法只是着装色彩搭配的基本方法，在服装制作和选择中可以根据需要和可能，派生出许多其他搭配方法。但无论采用哪种方法，都应掌握一个基本原则——和谐，和谐就是美。一般来说，黑、白、灰是配色中的几种“安全”色，因为它们比较容易与其他各种色彩搭配，而且效果也比较好。

（四）男士西装礼仪

西装是一种国际性服装，也是最为常用的男士正装。人们常说：“西服七分在做，三分在穿”。一套合体的西装，可以使着装者显得潇洒、精神、风度翩翩。工作和正式场合穿着的西服，称为职业西装。它具有严肃性、职业化的特点，并表达了着装者的社会地位和经济能力。非正式场合穿着的西服，称为时尚西服或休闲西装。

职业男士西装应遵守以下礼仪规范。

(1) 讲究规格　正式场合应穿同质、同色的深色毛料套装。西服有二件套、三件套之分，二件套西服在正式场合不能脱下外衣。按习俗，西服里面不能加毛背心或毛衣。在我国，至多也只能加一件“V”字领毛衣，否则显得十分臃肿，以致破坏西服的线条美。

(2) 穿好衬衫　衬衫是与西服配伍的重点，衬衫通常为单色，以无图案为最佳，白色为首选；衬衫的面料应为高织精纺的纯棉、纯毛面料，或以棉、毛为主要成分的混纺面料，领子要挺括，以方领为宜，衬衫下摆要放在裤腰里，系好领扣和袖扣。衬衫衣袖要稍长于西装衣袖 0.5～1cm，领子要高出西装领子 1～1.5cm，以显示衣着的层次。

(3) 系好领带　领带是男士衣着品位和绅士风度的象征，凡在比较正式的场合，穿西装都必须系领带。领带面料一般以真丝、纯毛为宜；颜色应与西服颜色相称，以光泽柔和、典雅朴素为宜，而且要与自己的年龄、肤色、爱好相协调；西装与领间的“V”字区最为显眼，领带应处在这个部位的中心；领带的领结要饱满，与衬衫的领口吻合、紧凑；领带的长度以系好后下端正好触及腰上皮带扣上端处为最标准。领带夹一般夹在衬衫第三粒与第四粒扣子间为宜，西装系好纽扣后，不能使领带夹外露；一般情况下，非重要人物和特殊职业人士不用领带夹。

(4) 用好衣袋　西服上衣两侧的口袋只作装饰用，不可装物品，否则会使西服上衣变形。西服上衣左胸部的衣袋只可放装饰手帕。有些物品，如票夹、名片盒可放在上衣内侧衣袋里；裤袋亦不可装物品，以求臀位合适、裤形美观。

(5) 系好纽扣　双排扣的西服要把纽扣全部系上，以示庄重；单排两粒扣只扣上面一粒纽扣，也可以全部不扣；三粒扣则扣中间一粒，坐下时可解开。

(6) 穿好皮鞋　按照“西装革履”的要求，穿西服一定要穿皮鞋，配黑色系牛皮鞋为宜，并保持鞋面的清洁光亮，而且裤子要盖住皮鞋鞋面。袜子应为深色的纯棉毛制品，切忌穿半透明或白色的尼龙或涤纶丝袜。

(7) 男子着西装的“三个三”

① 三色原则：衬衣、领带、腰带、鞋袜一般不应超过三种颜色（色系）。

② 三一定律：皮鞋、腰带、公文包要同一颜色，一般以黑色为宜。

③ 三大禁忌：一是西装左袖的商标没有拆；二是穿白色袜子、尼龙袜子出现在正式场合；三是指领带问题，主要是指质地和颜色的要求。穿非职业装时可不打领带；穿夹克和短袖衬衫时不宜打领带。

（五）职业女性裙装礼仪

西服套裙是女性的标准职业着装，指上装为西装，下装为开衩直筒裙的组合搭配方式。它把潇洒、刚健的西装上衣和柔美、雅致的裙子结合在一起，刚柔相济、相得益彰，顿显白领女性的神秘韵味。

职业女性着西服套裙应遵循以下规范。

（1）面料　一套在正式场合穿着的套裙，应该由高档面料缝制，上衣和裙子要采用同一质地、同一色彩的素色面料。衬衣要求轻薄而柔软，如真丝、麻纱、府绸、罗布，以透气、吸湿、单薄、柔软者为佳。

所穿的用以与套裙配套的鞋子，宜为皮鞋，并且以牛皮鞋为上品。同时所穿的袜子则可以是尼龙丝袜或羊毛袜。

（2）色彩　应当以冷色调为主，借以体现出着装者的典雅、端庄与稳重。一套套裙的全部色彩不要超过两种，否则就会显得杂乱无章。

（3）尺寸　女士的套裙曾被要求上衣不宜过长，下裙不宜过短。通常套裙之中的上衣最短可以齐腰，上衣袖子一般应到手腕，裙子长度应触及小腿。

（4）穿着到位　上衣的领子要完全翻好，衣袋的盖子要拉出来盖住衣袋；裙子要穿得端端正正、上下对齐。穿衬衫时，须注意衬衫的下摆必须掖入裙腰之内，衬衫的纽扣要一一系好，除最上端的一粒纽扣按惯例允许不系外，其他纽扣均不得随意解开，在公共场合衬衫不宜直接外穿。国际上通常认为袜子是内衣的一部分，因此，绝不可露出袜边，为避免这种尴尬，应穿高统袜或连裤袜。

（5）搭配合理　衬衫的颜色以白色为主；应搭配高跟、半高跟的船式皮鞋或盖式皮鞋；袜子最好是肉色的高统袜或连裤袜，不宜有任何图案。

（6）女性职场着装的禁忌　过分杂乱、过分鲜艳、过分暴露、过分透视、过分短小、过分紧身。

二、饰品礼仪

饰品，是指能够起到装饰点缀作用的物件，主要包括服装配件（如帽子、领带、手套等）和首饰（如戒指、胸花、项链、耳环、手镯或手链等）两类。它可以在服饰中起到烘托主题和画龙点睛的作用。

（一）饰品礼仪的基本原则

1. 符合场合和身份

饰品的选择应和穿戴者的身份和所处的场合相协调。比如一位女性服务人员在餐厅里为顾客上酒水时，手戴一枚硕大的钻戒，与顾客所戴的首饰相比，“贵压群芳”，有跟客人攀比之嫌。

2. 以少为佳

佩戴饰品时应遵循少而精的原则。不能一味贪多求全，不然会直接影响饰品的美饰效果，不但没有增添任何美感，反而显得“铺张浪费”、杂乱无章。一般来说，全身饰品一般不宜超过三个品种；佩戴某一具体品种的饰品，则不应超过两件。

3. 搭配和谐

为了真正体现饰品画龙点睛的作用，在佩戴时一定要与自身条件和所穿服装相协调。比如，手指肥大者，应挑选起角和不对称的款式；如果是修长纤指，则适宜戴宽的戒指，会使手指更具吸引力。

4. 同质同色

佩戴两种或两种以上的首饰，要同质同色，即质地、色彩相同。

5. 扬长避短

饰品的佩戴应充分正视自身的形体特点，如体形、肤色、脸型、发型、年龄、气质等，努力使饰品的佩戴为自己扬长避短。避短是其中的重点，扬长就要适时而定。

6. 遵守习俗

不同地区、不同民族，饰品的寓意和习俗有所不同，要了解寓意并且尊重习俗，避免尴尬。如国际上比较流行的是：拇指通常不戴戒指，戒指戴在食指表示求爱或求婚，中指表示正在热恋中，无名指表示已婚，小拇指表示是单身或独身主义者。

（二）饰品的选择与佩戴

饰品只是点缀作用，是用于调节着装，使之与自己所要展现的气质更为合拍。

1. 项链

项链要与脸型相搭配。脸部清瘦且颈部细长的女性，宜戴短项链，脸部就不会显得太瘦，颈部也不会显得太长了。脸圆而颈部粗短的女性，最好戴细长的项链，如果项链中间有一个显眼的大型吊坠，效果会更好。椭圆形脸的女性最好戴中等长度的项链，这种项链在颈部形成椭圆形状，能够更好地烘托脸部的优美轮廓。颈部漂亮的女性可以戴一条有坠的短项链，突出颈部的美丽。项链的选择，价格并不是主要的因素，不管是什么样的款式，与年龄、肤色、服装的搭配协调才是主要的。一般来说，上了年纪的人以选择质地上乘、工艺精细的黄金、白金的项链为好；而青年人应选用质地颜色好、款式新的项链为佳。

2. 耳环

身材短小的人，戴蝴蝶形、椭圆形、心形、圆珠形的耳环，显得娇小可爱。方形脸适宜佩戴圆形或卷曲线条吊式耳环，可以缓和脸部的棱角。圆形脸戴上“之”字形、叶片形的垂吊式耳环，在视觉上可以造成修长感，显得秀气。心形脸宜选择三角形、大圆形等纽扣式样的耳环。三角形脸最好戴上窄下宽的悬吊式耳环，使瘦尖的下颌显得丰满些。

戴眼镜的女性不宜戴大型悬吊式耳环，贴耳式耳环会令她们更加文雅漂亮。耳环与肤色的配合不容忽视。肤色较白的人，可选用颜色鲜艳一些的耳环。若肤色为古铜色，则可选用颜色较淡的耳环。如果肤色较黑，选戴银色耳环效果最佳。若肤色较黄，以古铜色或银色的耳环为好。

3. 戒指

戒指应与手指形状相搭配。手指短小，应选用镶有单粒宝石的戒指，如橄榄形、梨形或椭圆形的戒指，这样才能使手指看来较为修长。手指纤细，宜配宽阔的戒指，如长方形的单粒宝石，会使玉指显得更加纤细圆润。手指丰满且指甲较长，可选取圆形、梨形或心形的宝石戒指，也可选用大胆创新的几何图形。戒指也应与体型、肤色相搭配。身体苗条、皮肤细腻者，宜戴嵌有深色宝石、戒指圈较窄的戒指。身材偏胖、皮肤偏黑者，宜戴嵌有透明度好的浅色宝石、戒指圈较宽的戒指。

总之，首饰不过是个点缀作用，佩戴得好了，可以提升自己的品位，不恰当了便显得庸俗，这里讲究的是精妙典雅。

第三节　体姿礼仪

体姿，就是人的身体姿态，又称仪态，包括人的站姿、走姿、坐姿、手势和面部表情等。“站如松，坐如钟，行如风，卧如弓”，这是我国古人对人体姿势的要求，从仪态美角度来说也是适用的。

一、站姿礼仪

在人际交往中，站姿是一个人全部仪态的核心，“站有站相”是对一个人礼仪修养的基本要求，良好的站姿能衬托出美好的气质和风度。如果站姿不够标准，其他姿势就谈不上优美。见图 8-1、图 8-2。

图 8-1　站姿礼仪一

图 8-2　站姿礼仪二

1. 基本要求

上体正直，头正目平；收颌梗颈，挺胸收腹；双臂下垂，立腰收臀；嘴唇微闭，表情自然；手指自然弯曲，掌心向内轻触裤缝，或将右手搭在左手上，贴放在腹部。身体的重心置于双足的后部，双眸平视前方，精神饱满，面带微笑，胸部稍挺，小腹收拢，整个形体显得庄重、平稳、自信。

2. 男性站姿礼仪

男性的站姿要稳健，所谓“站如松”，以显出男性刚健、强壮、英武、潇洒的风采。男性通常可采取双手相握、叠放于腹前的前腹式站姿；或将双手背于身后、相握的后背式站姿；双脚可稍叉开，与肩部同宽为限。

3. 女性站姿礼仪

女性的站姿要柔美，所谓“亭亭玉立”，以体现女性轻盈、妩媚、娴静、典雅的韵味。女性的主要站姿为前腹式，双腿要基本并拢。脚位应与服装相适应，穿紧身短裙，脚跟靠紧，脚掌分开呈“V”状或“Y”状（即“丁字步”）；穿礼服或旗袍时，可双脚微分。

4. 不雅的站势

不论男女，站姿切忌歪头、缩颈、耸肩、含胸、塌腰、撅臀；切忌身躯歪斜、浑身乱抖、弯腰驼背、趴伏依靠、手位失当（如抱在脑后、手托下巴、抱在胸前、插入衣兜、摸来摸去）、腿位不雅（双腿叉开过宽、双腿扭在一起、双腿弯曲、一腿高抬）、脚位欠妥（“人”字式、蹬踩式、独脚式等）。更不要下意识地做小动作，如摆弄打火机、香烟盒，玩弄衣带、发辫，咬手指甲等。这些不但显得拘谨，给人以缺乏自信和教养的感觉，也有失仪表的庄重。

5. 规范站姿的训练方法

（1）贴墙法　使后脑、双肩、臀部、小腿肚、双脚跟部紧贴墙壁。

（2）贴背法　两人背对背相贴，部位同上，在肩背部放置纸板，纸板不掉下。

（3）顶书法　头顶书本，使颈梗直，收下颌，挺上身至书不掉为宜。

当然，日常生活中，各种场合的站姿应依时间、地点、场合的不同而有所变化。但不论何种站姿，只是改变脚部姿势或角度，身体仍需保持挺直，使站姿自然、轻松、优美。

二、坐姿礼仪

坐姿也是一种静态的身体造型，是人们在社交应酬中采用最多的姿势。端庄优美的坐姿不仅给人以文雅、稳重、大方的感觉，而且也是展现自己气质和风度的重要形式。见图 8-3 至图 8-6。

1. 基本要求

端庄、大方、文雅、得体；上体正直，头部端正；双目平视，两肩齐平；下颌微收，双手自然搭放。

2. 女士坐姿礼仪

（1）标准式　坐正，双膝并拢，手放膝上，坐满椅子的三分之二。

（2）丁字式　在标准式的基础上，右脚往后移，与左脚呈 15°角。

（3）侧点式　坐正，双膝并拢，两小腿向左（右）斜伸出，左（右）脚掌内侧着地，右（左）脚脚尖着地，手放膝盖所指方向的腿上。

（4）侧坐式　身体向左或右侧，双脚并拢或呈丁字式。

图 8-3　坐姿礼仪一

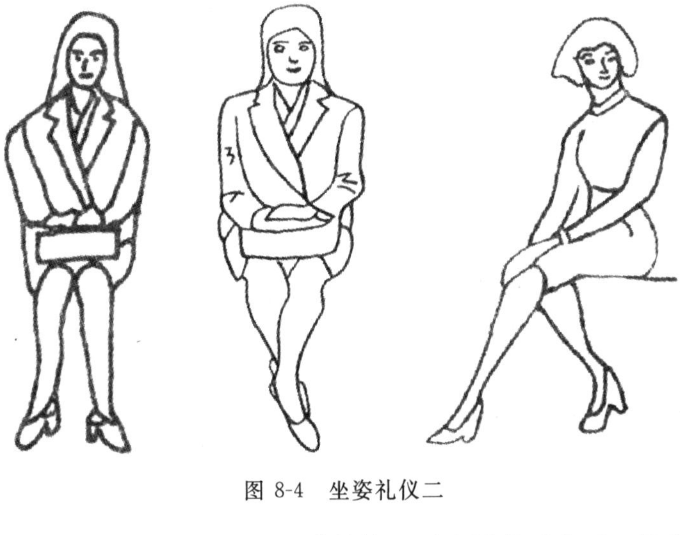

图 8-4　坐姿礼仪二

(5) 侧坐开关式（屈直式）　侧坐，双膝并拢，两小腿前后分开，并在一条线上，两手放在前伸腿上。

(6) 侧坐（脚）重叠式　俗称二郎腿。

3. 男士坐姿礼仪

(1) 标准式　坐正，双膝并拢，手放膝上，坐满椅子的三分之二；或两腿略微分开，两手放在两腿或扶手上。

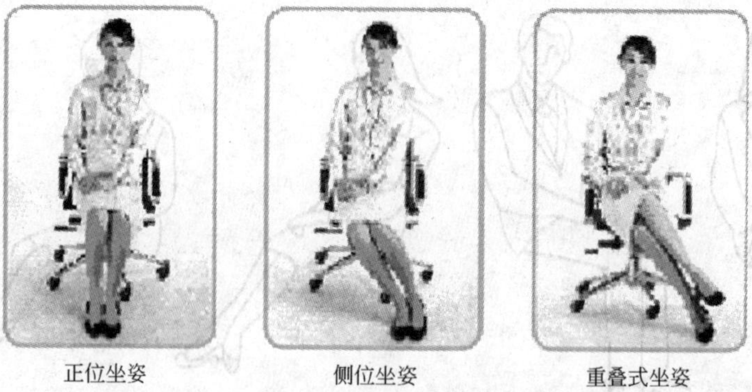

图 8-5　坐姿礼仪三

图 8-6　坐姿礼仪四

(2) 前伸式　在标准式的基础上，左脚再向前半脚，右脚往后半脚。

(3) 后点式　在标准式的基础上，两小腿后缩，两脚掌着地。

(4) 开关式（屈直式）侧坐，双膝并拢，两小腿前后分开，并在一条线上，两手放在腿上。

(5) 正身重叠式　俗称二郎腿。

4. 不雅的坐姿

在正式场合，应避免如下不雅的姿势：一是双腿过度叉开；二是架“二郎腿”或“4”字形腿；三是腿脚抖动摇晃；四是左顾右盼、摇头晃脑；五是上身前倾后仰或弯腰曲背；六是双手端臂，或抱膝盖，或抱小腿，或放于臀部下面；七是脚尖指向他人；八是双手撑椅；九是又跷脚又摸脚；十是随意挪动椅子。

三、蹲姿礼仪

蹲姿与坐姿是站立姿势变化而来的相对静止的体态。蹲是由站立姿势转变两腿弯曲和身体高度下降的姿势。见图 8-7。

1. 基本要求

一脚在前，一脚在后；两腿紧靠，前脚全着地，后脚脚掌着地；臀部向下，上身微向前倾。

2. 正确蹲姿

(1) 高低式　下蹲时，应左脚在前，右脚靠后。左脚完全着地，右脚脚跟提起，右膝低

图 8-7 蹲姿礼仪

于左膝，右腿左侧可靠于左小腿内侧。这种双膝以上靠紧的蹲姿在造型上也是优美的。

(2) 交叉式 交叉式蹲姿主要适用于女性，尤其是适合身穿短裙的女性在公共场合采用。这种蹲姿要求：在下蹲时，右脚在前，左脚居后；右小腿垂直于地面，全脚着地。右腿在上，左腿在下交叉重叠。左膝从后下方伸向右侧，左脚跟抬起，脚尖着地。两腿前后靠紧，合力支撑身体。上身微向前倾，臀部朝下。

(3) 半蹲式 半蹲式蹲姿多为人们在行进之中临时采用。它的基本特征身体半立半蹲。其主要要求是：在蹲下之时，上身稍许下弯，但不与下肢构成直角或者锐角；臀部务必向下；双膝可微微弯曲，其角度可根据实际需要有所变化，但一般应为钝角；身体的重心应放在一条腿上，而双腿之间不宜过度分开。

(4) 半跪式 半跪式蹲姿又叫做单蹲姿。它与半蹲式蹲姿一样，也属于一种非正式的蹲姿，多适用于下蹲的时间较长时。它的基本特征是双腿一蹲一跪。其主要要求是：下蹲以后，改用一腿单膝点地，而令臀部坐在脚跟上，另外一条腿应当全脚着地，小腿垂于地面；双膝必须同时向外，双腿则宜尽力靠拢。

无论采用哪种蹲姿，女士都要注意将两腿靠紧，臀部向下，头、胸、膝关节不在同一个角度上，以塑造典雅优美的蹲姿。

四、走姿礼仪

走姿是人体所呈现出的一种动态，是立姿的延续。

1. 要求与标准

上身挺直，头正目平；收腹立腰，摆臂自然；步态优美，步伐稳健；动作协调，走成直线。

2. 注意要点

(1) 步度适度 所谓步度（步幅）是指行进时前后两脚之间的距离。在生活中步度的大小往往与人的身高成正比，身高脚长者步度就大些，身矮脚短者步度也就小些。人们行进时，一般的步度与本人一只脚的长度相近，即前脚的脚跟距后脚的脚尖之间的距离。通常情况下，男性的步度约 25 厘米，女性的步度约 20 厘米。

(2) 步速适中 行进的速度取决于人的兴奋程度，兴奋程度高，步速也快；兴奋程度低，动作则迟缓。要保持步态的优美，行进的速度应保持均匀、平稳，不能过快过慢、忽快忽慢。在正常情况下，应自然舒缓，显得成熟、自信。当然，男女在步速上亦有差别，一般来说男性矫健、稳重、刚毅、洒脱，具有阳刚之美，步伐频率每分钟约 100 步；女性步伐轻盈、柔软、玲珑、娴淑，具有阴柔之美，步伐频率每分钟约 90 步，如穿裙装或旗袍，步速则快一些，可达 110 步左右。

（3）身体协调　行进时，膝盖和脚腕要富于弹性，腰部应成为身体重心移动的轴线，双臂应自然轻松一前一后地摆动，保持身体各部位之间动作的和谐，使自己走在一定的韵律之中，显得自然优美，否则就失去节奏感。

（4）造型优美　做到昂首挺胸，步伐轻松而矫健。行走时应面对前方，两眼平视，挺胸收腹，直起腰背，伸直腿部，使自己的全身从正面看犹如一条直线。

3. 不雅的行姿

按照社交礼仪要求，下列行姿俱属不雅：方向不定，忽左忽右；体位失当，摇头、晃肩、扭臀；扭来扭去的“外八字步”和“内八字”蹦跳。

五、手姿礼仪

手姿，是运用手指、手掌、拳头和手臂的动作变化，表达思想感情的一种态势语言。美国心理学家詹姆斯认为，在身体的各部分中，手的表达能力仅次于脸。因此，在职业交往中，手姿起着不可低估的作用，能极富表现力地表达出无声的语言。职业人员正确使用手姿，能令人感觉到你对他人的尊重与敬意，反之，则令人感到厌恶。见图 8-8。

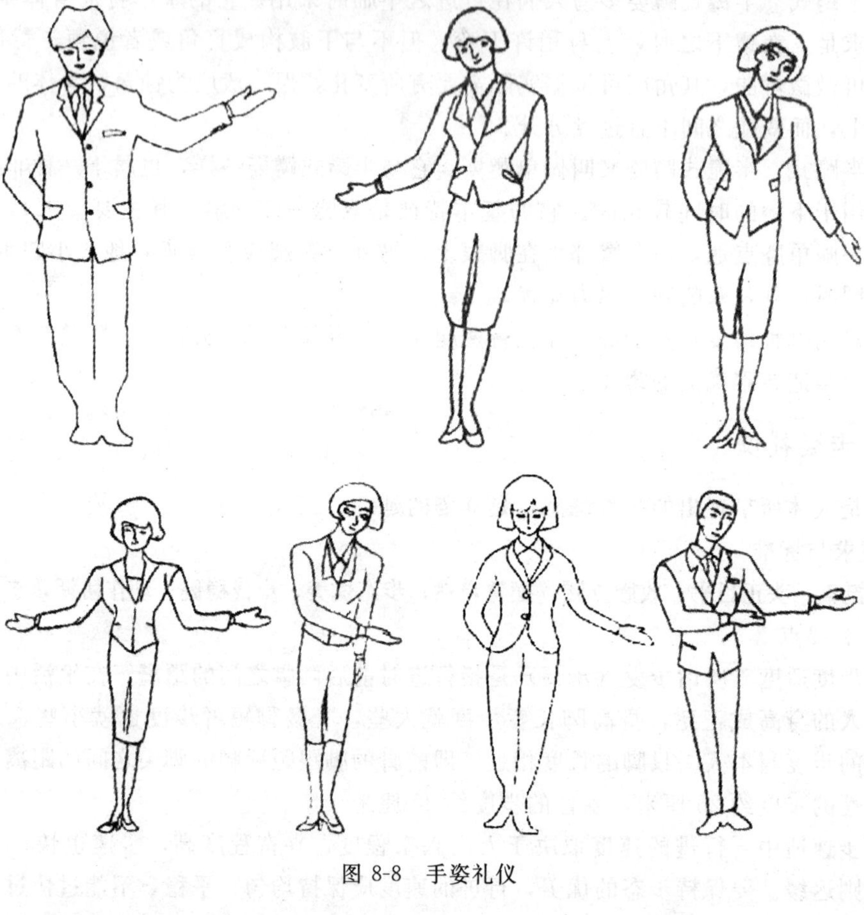

图 8-8　手姿礼仪

手姿规范标准是：五指伸直并拢，注意将拇指并严；腕关节伸直，手与前臂成直线；掌心斜向上方，手掌与地面成45°角；身体稍前倾，肩下压，眼睛随手走。运用手姿时，一定要目视对方，面带微笑，体现出对他人的尊重。

1. 手姿的活动范围

一般分三个区域：上、中、下。肩部以上为上区，腰部至肩部为中区，腰部以下为下区。根据手姿的活动范围，我们往往可以称之为高位手姿、中位手姿、低位手姿。

2. 手姿的种类

(1) 横摆式　与肘关节持平，常表示“请进”、“请往这边走”之意。

(2) 直臂式　与肩同高或略高，肘关节伸直，常表示“请往前走”、“请往这边看”。

(3) 曲臂式　左手或右手拿着物品，或扶房门，另一只手经胸前往前伸，表示“里边请”。

(4) 斜摆式　请来宾入座时，先用双手扶椅背将椅子拉出，然后手臂向下，表示“请坐”。

(5) 双手前伸式　表示恭敬，用于接收或递交物品。

第四节　称呼与问候

一、称呼礼仪

称呼即称谓，指的是人们在交往应酬时，用以表示彼此关系的名称用语。

(一) 称呼的规则

在人际交往中，称呼很有讲究，它不仅反映了一个人的身份、性别、社会地位和婚姻状况，而且反映了对方的态度及其亲疏的关系。在交际开始时，只有使用得体的称呼，才会使交往对象产生同你交往的欲望。因此，使用称呼语时要注意如下几条。

1. 称呼恰当

所谓称呼恰当，就是要求根据对方的身份、地位、民族、宗教、年纪、性别等合理去称呼。要做到分别对待，因人而异，让关系亲近者感到亲切，让关系疏远者感到受尊重；另外，还应根据不同场合，因时、因地去称呼。在正式场合应使用泛尊称、职业加泛尊称、职务称、职务（职称）加泛尊称、姓氏加职务（职称）称等；在非正式场合可以直接以姓名称、名字称、辈分称等；对人多用尊称，对己多用谦称。

2. 照顾习惯

称呼他人必须充分考虑交往对象的语言习惯、文化层次、地方风俗等因素。根据我国民间的称呼习惯，凡亲近者间可以直呼其名；同辈、同事、兄妹、兄弟之间只称名而不带姓氏；对那些初识者或关系疏远的人，则通常以对方的姓，再加上能体现对方身份、地位等称谓来称呼。在正式场合，尤其在涉外场合或接待服务场合应按国际惯例，称呼“先生”、“女士”、“小姐”、“太太”、“夫人”等，并可冠以姓名、职称和衔称。外国人一般不以职务称呼人；中国台湾一般以职称或学位称呼。

3. 注意忌讳

称呼忌讳，即指人们通常所说的称呼时的避讳，这是出于礼仪、吉凶、功利、荣辱等方面因素所形成的不成文的规矩。在生活中称呼的避讳较多，主要表现为：一是见人不使用任何称呼，直接以“喂”、“嘿”或以方位或人体特征代之；二是使用不雅的称呼，即以含有人身侮辱或歧视之意的称呼，如小名、绰号、雅号及低级、庸俗的称呼，或对昵称的使用没有分寸；三是对人冠以蔑称、贬称，如“侉子”、“蛮子”等；四是错误的称呼，即记不起对方姓名，称呼时叫错，或张冠李戴，或对被称呼者的年龄、辈分、婚否以及与其他人的关系做出错误判断，出现错误的称呼，如将未婚的女子称为“大嫂”、“太太”。

（二）称呼的方式

称呼的方式基本可以分为两类，一类是一般称呼，即指普遍适用于各种不同身份人士的称呼；另一类是特殊称呼，即指与个人特定身份、职业或关系相适应的专用称呼。但不论采取何种方式，都必须符合对方的身份、与自己的关系并应适合场合，其具体的称呼方式有如下几种。

1. 泛称

泛称，即适合于各种社交场合的称呼，一般都适用于正式社交场合，主要有以下几种。

（1）同志　原意为同一政党、团体志同道合者，但在现实生活及人际交往中已作为公民之间普遍使用的称呼。它既可单独使用，也可在“同志”前面冠以姓氏、姓名或字。

（2）先生、小姐、夫人、太太、女士　这些都是西方称呼，也是国际通行称呼，在我国主要用于正式交际场合和外事接待场合。先生旧时即为对教师的称呼，但对具有一定身份、地位、知识渊博的女士也可以称为先生，如当年的毛泽东曾称何香凝、宋庆龄两位女士为“先生”。“先生”一般是对男士的泛称，“小姐”、“夫人”、“太太”、“女士”均为对女性的称呼。“先生”和“小姐”可以单独用以称呼，也可以与姓名、姓氏、职业性称呼组合在一起，在正式场合下使用。如“张先生”或“张某某先生”、“王小姐”或“王某某小姐”、“上校先生”、“秘书小姐”等。“先生”和“小姐”还可以用来称呼服务行业的工作人员。

2. 职务称

职务称，即以对方的职务来进行称呼，如“局长”、“厂长”、“经理”、“校长”等。职务称可以单独使用，也可以同泛称、姓名、姓氏分别组合一起使用。对知道职位、学位、军衔的人可以以职务称呼，应在“先生”、“小姐”前冠以职衔，如“博士先生”、“市长先生”等。对政府的高级官员、外交大使或军队中的高级将领，最好在职位后加“阁下”二字，如“总统阁下”、“大使先生阁下”。“阁下”的使用不限于男性，对有高级官衔的女性，也可以称其“阁下”。

3. 职业称

职业称，即以对方所从事的职业进行称呼，如称“医生”、“律师”、“教练”等。在使用职业称呼时，可以同姓名、姓氏分别组合一起使用，如称“王教练”、“李医生”、“张律师”等。还可以将职业称加泛称组合在一起使用，如称“医生同志”、“律师先生”、“护士小姐”等。

4. 姓名称

姓名称，即直接以他人的姓名进行称呼，适用于非正式场合，相互比较熟悉的人之间称呼。姓名称，在实际使用中又有多种方式，一是人们往往习惯于在被称呼者的姓氏前面加上“老”、“大”或“小”等字，而免称其名，如称“老王”、“大张”、“小李”等，以示关系随便；二是在被称呼者姓氏的后面加上“老”，用于对年纪较老、德高望重者的称呼，如“张老”、“王老”，以示对对方的尊敬；三是不称其姓，而只呼其名，主要用于关系密切者之间，适用于同事或同学间、上级对下级、长辈对晚辈的称呼。

二、问候礼仪

问候有多种形式和方式，是礼节性较强的举动。

(一) 问候形式

1. 日常问候

日常问候是亲友间互致的问候，大体有如下几种。

(1) 按时间问候 如“早安”、“早上好”、“晚安”。

(2) 祝愿式问候 如“生日快乐”、“新年快乐”、“福寿康宁”。

(3) 关心式问候 如“一切都好吗”、“你的身体怎样呀”。

2. 特殊问候

指亲友之间在不同情况下的问候。一是节日问候，在节日到来时相互之间表示关心、联络感情的一种方式。二是喜庆时的问候，如对方新婚、职位晋升等喜事。三不幸时的问候和安慰，如家庭变故、失火、被盗等不幸，表示同情和安慰。

(二) 问候的方式

常见的有如下几种方式：口头问候、书信问候、电话问候、贺卡问候、送物问候等。在商务场合中，还有一种常用的问候方式——致意。这是一种无声的问候，往往用于不宜大声喧哗的公共场合。

(1) 微笑致意 在日常交际中，与人见面时，微微一笑是表达敬意和问候的最佳方式，适用于多种场合。

(2) 举手致意 举起右手，掌心朝向对方，其功能因招手的高度和方式有所不同。

① 高位手：右手高举过顶，并用目光示意，往往是向远距离的人表示“我在这里”；左右不停摆动，常表示“再见”。

② 中位手：右手举起与耳齐，掌心向前，面带笑容，目视对方，往往适用于与中近距离或行进中的人打招呼，表示“你好”；左右摆动则表示告别。

(3) 点头致意 头微微上下晃动，幅度不必太大。适用于不宜交谈的场合，与相识者在同一地点多次见面，或与不相识者在社交场合见面，都可使用。

(4) 欠身致意 起半身致意，多用于处于坐姿状态的问候者，见到长辈、领导进入室内时。

(5) 脱帽致意 微微欠身，右手脱下帽子，同时目视对方，微笑致意，片刻即可将帽子戴上。

第五节 见面礼仪

人人在交往过程中往往需要必要的礼节，以表达自己对他人的敬意、友好和尊重。尤其是见面礼节，它给人第一印象，并获得“首因效应”。日常交往中最常见的见面礼仪有握手礼、鞠躬礼、合十礼、拥抱礼等。

一、握手礼仪

握手最早发生在人类“刀耕火种”的年代。那时，在狩猎和战争时，人们手上经常拿着石块或棍棒等武器。他们遇见陌生人时，如果大家都无恶意，就要放下手中的东西，并伸开手掌，让对方抚摸手掌心，表示手中没有藏武器。这种习惯逐渐演变成今天的“握手”礼仪。

1. 握手的场合

握手是人们日常交际的基本礼节，握手可以体现一个人的情感和意向，在应该握手的场合若拒绝或忽视了别人伸过来的手，就意味着自己失礼。应该握手的场合大体上有如下几种。

① 当你被介绍与第三者相识时；

② 与久别重逢的老朋友或同事相见时；

③ 在社交场合突然遇到自己的熟人时；

④ 迎接客人到来时；

⑤ 在拜访友人、同事或上级后告辞时；

⑥ 送别客人时；

⑦ 与有喜事的熟人见面时；

⑧ 别人向自己祝贺、赠礼时；

⑨ 别人为自己提供帮助时；

⑩ 向别人表示歉意时。

2. 握手的礼仪

（1）握手姿势　伸出的手掌要垂直，称为“平等式握手”。掌心向上有谦卑之态，掌心向下则太过傲慢。一般握手，要掌心相对，满掌相握，如果只伸出指尖给别人是不礼貌的，但男士对女士，则只宜握住女士的手指部分。在我国，以双手握手为常见的礼节，即双方右手相握后，左手再放在对方伸过来的右手上，以示更加亲切、更加尊重对方。

（2）握手时间　握手的时间长短可因人、因地、因情而宜，不可久握。与初识者见面握手一般以 2～3 秒为宜；与异性握手，应一握即可，不可握住久久不放，即便是同性间握手时间也不宜过长；老朋友或关系密切者间可以边握手边问候，时间也应控制在 20 秒内。尤其在多人相聚的场合，不宜与某一人长时间握手，以免他人误会。

（3）握手力度　握手时的力度要适当，不可用力过大而使对方有疼痛感，“虎钳式”的握手方法不可取，应避免；过轻或抓指尖的握手又显得妄自尊大或敷衍了事，也不可取。但在男士与女士握手时，男士只需轻握一下女士的四指即可，不可握得太紧。

（4）握手的“优先决定权”　握手的主动权通常掌握在下列四种人手中：主人、年长者、身份高的人、女士。男女之间，女士先；长幼之间，长者先；上下级之间，上级先，下级屈前相握；迎接客人，主人先；送走客人，客人先。

3. 握手八大忌

① 贸然伸手：遇到上级、长者、贵宾、女士时，自己不能抢先伸手，否则属失礼。

② 目光游移：握手时精神不集中、四处顾盼、心不在焉、面上毫无表情。

③ 久握不放：在人多情况下，只顾与一人握手，忽视、冷淡别人或影响对方与他人握手。

④ 交叉握手：握手时争先恐后地与正在握手的人交叉握手。

⑤ 敷衍了事：握手时漫不经心地应付。

⑥ 该先伸手时不伸手：本应先伸手者在需握手的场合不主动伸手，更不可拒绝别人伸出的手。

⑦ 出手时慢慢吞吞：在对方伸手后，自己犹豫不决、反应迟钝，出手慢慢吞吞。

⑧ 握手后用手帕揩手：与他人握手后，当众或当着对方的面以手帕揩手。

除上述握手的主要忌讳外，还应注意：握手应用右手，不用左手（右手残疾者除外）；非亲朋好友不可以用双手相握；不要戴着墨镜和手套与人握手；不可一手相握，另一手放在衣袋中；手不洁或有疾病，不要与他人握手，可向对方示意致礼；不可隔着门槛握手；握手时要注意动作、表情、语言的一致性。不要边握手边长篇大论或点头哈腰；非特殊情况下，不能坐着与人握手等。

二、鞠躬礼仪

鞠躬即弯身行礼，在我国古已有之，它不仅是传统的礼仪之一，也是有些国家常用的礼节。行鞠躬礼时要心诚，应取立正姿势，双目注视受礼者，使身体上部向前倾斜，视线也随鞠躬自然下垂。

1. 鞠躬礼的种类

鞠躬礼分两种：一种是三鞠躬，也称最敬礼。鞠躬前应脱帽、摘下围巾，身体直立、目光平视、身体上部向前下弯行鞠躬礼，鞠躬后恢复原状，如此连续三次。另一种是一鞠躬，即身体上部向前下弯行礼一次，几乎适用于一切社交场合。

2. 施鞠躬礼的方法

施鞠躬礼时，应立正站好、保持身体端正、面对受礼者距 2～3 步，以腰为轴，上体前倾 15～90°（其具体前倾角度视行礼者对受礼者的尊敬程度而定），目光向下，双手自然下垂放于膝前或体侧，礼毕，身体恢复立正姿势，并眼睛注视受礼者。除葬礼或默哀时鞠躬要停顿时间长一些，日常社交鞠躬不要时间过长停顿。

施鞠躬礼前应先脱帽，施礼时目光不得斜视或环视，不得嘻嘻哈哈、口中叼烟或吃东西，动作不宜过快，要稳重端庄。如在接待时行鞠躬礼，口中可以说一些招呼性的问候语："您好!"、"早上好!"、"欢迎光临!"等。

在施鞠躬礼时，受礼者一般应以施礼者的上体前倾幅度大体相同的鞠躬礼还礼。但上级或长者还礼时，可以不行鞠躬礼，而以欠身点头或握手答礼。

3. 鞠躬礼的适用场合

在我国，鞠躬礼主要适用于以下几种场合。

(1) 演员谢幕　演员表演一个节目或演出结束。

(2) 结婚典礼　在我国凡举行婚礼，一般都施行"三鞠躬"的传统礼仪，届时新郎新娘都要向尊长、亲友和来宾施鞠躬礼，新人相互亦鞠躬。

(3) 悼念活动　灵堂吊丧、参加追悼会、向遗体告别、赠送花圈、祭奠死者，都要向遗像、遗体或骨灰盒行鞠躬礼。

(4) 商务人员迎宾送客　商务人员接待客人或送别客人时，为表示对客人的重视与尊重，往往需要行鞠躬礼。

此外，还有合十礼、拥抱礼、招手礼、点头礼、欠身礼、拱手礼、注目礼、脱帽礼等，不一一赘述。

第六节　餐饮礼仪

【引例】 李鸿章应俾斯麦之邀前往赴宴，由于不懂西餐礼仪，他把一碗吃水果后洗手用的水端起来喝了。当时俾斯麦为不使李鸿章丢丑，他也将洗手水一饮而尽，见此情形，其他官员只得忍笑奉陪。

“民以食为天”，餐饮礼仪源远流长。据文献记载，至少在周代，饮食礼仪已形成一套相当完善的制度，特别是经孔子的称赞推崇，而成为历朝历代表现大国之貌、礼仪之邦、文明之所的重要方面。《礼记·礼运篇》：“夫礼之初，始于饮食”。餐饮礼仪在中国人的完整生活秩序中占有一个非常重要的地位，用餐不单是满足基本生理需要的方法，也是头等重要的社交经验。

一、宴请礼仪

宴请和赴宴，是礼尚往来的一种交往形式。现代社会无论是私人交往和公务交往都很普遍和频繁，而宴请又是其中一个极重要的形式。通晓宴请礼仪，提高社交礼仪的能力和加强社交礼仪修养是十分必要的。

（一）宴会中主人的礼仪

1. 宴席邀请

向客人发出邀请的形式有很多种，如请柬、邀请信、电话等。宴请大都要发出请柬，这既是礼节、礼貌上的需要，也可以起提醒、备忘的作用。除了宴请临时来访人员，或时间紧促来不及提前准备之外，宴会请柬一般应至少提前1周发出，以便客人安排好时间。需要安排座位的宴会，可要求被邀请人收到请柬后给予答复。

2. 宴席座次

（1）座位的礼仪　一般的宴会，除自助餐、茶会及酒会外，主人必须安排客人的席次。尤其是重要政务、商务场合和对外交往的场合，前后有序，绝不能错。

（2）桌次的顺序　一般家庭的宴会，饭厅置圆桌一张，自然无桌次顺序的区分；但如果宴会设在饭店或酒家，圆桌两张以上时，则必须定其大小。其定位的原则，以面朝门口为正位，右旁为大，左旁为小；如一排有三桌，则以中间为大，右旁次之，左旁为小。

（3）席次的安排　中餐宴请席次的确定是以门为依据：正对门的、离门最远的是首位，离门最近的是末位。其他位置的席次是：离首位越近，位置越高；距离相等的，右高左低，以右为尊。靠门边面对主人的，则是跑腿招呼陪客埋单坐的。

如男女主人并座，则男左女右，以右为大。如席设两桌，男女主人分开主持，则以右桌为大。宾客席次的安排亦然，即以男女主人右侧为大，左侧为小。

中式宴会女士以夫为贵，其排名的秩序是，男主宾排第一位，其夫人排第二位。西式宴请则以女主人为第一主人。

中式宴会要把主宾和主宾夫人安排在最尊贵显眼的位置上，中座为尊，三人一同就座用餐，坐在中间的人在位次上高于两侧的人；面门为上，用餐的时候，按照礼仪惯例，面对正门者是上座，背对正门者是下座；以右为尊，主人右边的位置是最主要的位置。

主人方面的陪客，应尽可能安排穿插在客人之间坐，以便同客人接触交谈。

3. 席间礼仪

主人在宴会开始之前，应先提前准备，并出门迎接宾客。照例是：作为晚辈的主人，站在最前面，长辈居后。

对每一个来宾，主人都得依次招呼，不可疏忽。在客人大部分到齐时，主人就要回到会场中来（但仍要留一两个招待在门前）分头跟客人招呼、应酬。同时，场内也要有几个主方的人负责跟众多宾客周旋，做介绍、招待、照顾等工作。主人一旦发觉有些来宾孤单无伴，就要找朋友为他们介绍认识，以免冷落来客。

主人对各宾客的态度，必须热诚恳切，一视同仁，不可只顾应酬一两个上宾或主要客人。当你正和某一个客人应酬中，临时有另一些客人进来不能兼顾时，可先对原来的客人道歉，再前去接待。

客人入座之后，主人应首先起立，举杯向客人敬酒。碰杯先后按座次顺序，由主到次进行。如安排有正式讲话，一般应在热菜之后，先由主人发言，然后客人讲话。

宴会结束后，主宾告辞，主人应送至门口，热情话别，并与其他客人一一握手话别，表示欢送之意。

（二）宴会中客人的礼仪

1. 应邀

接到宴会邀请，能否出席应当尽早答复对方，以便主人做出安排。接受邀请后不要随意改动；特殊情况不能出席时，尤其是作为主宾，要尽早向主人解释、道歉，甚至亲自登门表示歉意。应邀出席一项活动之前，要核实宴请的主人，活动举办的时间、地点，是否邀请配偶以及主人对服装的要求等。

2. 出席

参加宴会首先必须把自己打扮得整齐大方，这是对别人也是对自己的尊重。其次要准时出席，身份高者可略晚些到达，一般客人宜略早些到达，可根据活动的性质和当地的习惯掌握（如厦门婚宴通常比请柬上注明的时间迟 2 小时），迟到、早退、逗留时间过短被视为失礼或有意冷落。

3. 问候

当走进主人家或宴会厅时，应首先跟主人打招呼。对其他客人，不管认识与否，都要微笑点头示意或握手问好；对长者要主动起立，让座问安；对女宾应举止庄重，彬彬有礼。

4. 入席

入席时，自己的座位应听从主人或招待人员的安排，因为有的宴会主人早就安排好了。如果座位没有事先安排，则按席次礼仪入席。

入座后坐姿端正，不要旁若无人，也不要眼睛直盯盘中菜肴，显出迫不及待的样子，可以和同席客人简单交谈。

5. 用餐

一般是主人示意开始后再用餐。就餐的动作要文雅，夹菜动作要轻，要把菜先放到自己的小盘里，然后再用筷子夹起放进嘴。送食物进嘴时，要小口进食，不要在吃饭、喝饮料、喝汤时发出声响。如要用摆在同桌其他客人面前的调味品，先向别人打个招呼再拿；如果太远，要客气地请人代劳。用餐时应该着正装，不要脱外衣，更不要中途脱外衣。

6. 饮酒

一味地给别人劝酒、灌酒，吆五喝六，特别是给不胜酒力的人劝酒、灌酒，都是失礼的表现。宴会中，主人应向来宾敬酒，客人也应回敬主人。敬酒时，不一定个个都碰杯，离的较远时，可举杯用眼睛示意，不要交叉碰杯。

7. 离席

如果宴会没有结束，不要随意离席，要等主人和主宾餐毕先起身离席，其他客人才能依次离席。席间，确实有事需提前退席，应向主人说明后悄悄离去，也可以事前打招呼，届时离席。宴会结束退席时，应向主人致谢，对宴会的组织及菜肴的丰盛精美表示称赞。

二、中餐礼仪

中餐礼仪，是中华饮食文化的重要组成部分。中国的饮宴礼仪始于周公，千百年的演进，形成今天大家普遍接受的一套饮食进餐礼仪。

（一）菜单的选择

根据我们的饮食习惯，与其说是“请吃饭”，还不如说成“请吃菜”。所以对菜单的安排马虎不得。

1. 点菜

点菜时，不仅要吃饱、吃好，而且要量力而行。如果为了讲排场、装门面，而在点菜时大点、特点，甚至乱点一通，不仅对自己没好处，而且还会招人笑话。这时，一定要心中有数，力求做到不超支、不乱花、不铺张浪费。

被请者在点菜时，应告诉主人，自己没有特殊要求，请随便点、简单点，这实际上正是对方欢迎的。或是认真点上一个既不太贵、又不是大家忌口的菜，再请别人点。别人点的菜，无论如何都不要挑三拣四。

2. 备菜

（1）优先考虑的菜肴

① 有中餐特色的菜肴。宴请外宾的时候，这一条更要重视。

② 有本地特色的菜肴。宴请外地客人时，上些特色菜，要比千篇一律的生猛海鲜更受好评。

③ 本餐馆的特色菜。很多餐馆都有自己的特色菜。上一份本餐馆的特色菜，能说明主人的细心和对被请者的尊重。

④ 主人的拿手菜。举办家宴时，主人一定要当众露上一手，多做几个自己的拿手菜。其实，所谓的拿手菜不一定十全十美。只要主人亲自动手，单凭这一条，足以让对方感觉到你的尊重和友好。

（2）需要注意的饮食禁忌　安排菜单时，还必须考虑来宾的饮食禁忌，特别是要对主宾的饮食禁忌高度重视。这些饮食方面的禁忌主要有以下几条。

① 宗教的饮食禁忌：例如，穆斯林不吃猪肉，并且不喝酒。国内的佛教徒不吃荤腥食品，它不仅指的是不吃肉食，而且包括葱、蒜、韭菜、芥末等气味刺鼻的食物。

② 出于健康考虑的饮食禁忌：比如，心脏病、脑血管、脉硬化、高血压和脑卒中后遗症的人，不适合吃狗肉；肝炎病人忌吃羊肉和甲鱼，胃肠炎、胃溃疡等消化系统疾病的人也不适合吃甲鱼；高血压、高胆固醇患者要少喝鸡汤等。

③ 不同地区饮食禁忌：如，湘、川人喜欢吃辛辣食物，少吃甜食。英美国家的人通常不吃稀有动物、动物内脏及头、爪。

④ 职业的特殊禁忌：如，国家公务员在执行公务时不准吃请，在公务宴请时不准大吃大喝，不准超过国家规定的标准用餐，不准喝烈性酒。再如，驾驶员工作期间不得喝酒。

3. 上菜

一顿标准的中餐大菜，上菜的次序通常首先是冷盘，接下来是热炒，随后是主菜，然后上点心和汤，最后上果盘。

（二）中餐具的使用

和西餐相比较，中餐的一大特色就是餐具有所不同。

1. 筷子

筷子是中餐最主要的餐具。

使用筷子的禁忌和不雅动作如下。

① 三长两短：将筷子长短不齐地放在桌子上。

② 品箸留声：把筷子的一端含在嘴里，用嘴来回去嘬，并不时地发出咝咝声响。

③ 击盏敲盅：用餐时用筷子敲击盘碗，这种行为被看作是乞丐要饭。

④ 执箸巡城：手里拿着筷子，旁若无人状，用筷子来回在桌子上的菜盘里寻找，不知从哪里下筷为好。

⑤ 迷箸刨坟：手里拿着筷子在菜盘里不住地扒拉，以寻找猎物。

⑥ 泪箸遗珠：往自己盘子里夹菜时，手里不利落，将菜汤流落到其他菜里或桌子上。

⑦ 颠倒乾坤：将筷子颠倒使用，所谓饥不择食。

⑧ 定海神针：用一只筷子去插盘子里的菜品，被认为是对同桌用餐人员的一种羞辱。

⑨ 当众上香：把一副筷子插入饭中，传统是为死人上香时才这样做。

2. 勺子

勺子的主要作用是舀取菜肴、食物。有时，用筷子取食时，也可以用勺子来辅助。尽量不要单用勺子去取菜。用勺子取食物时，不要过满，免得溢出来弄脏餐桌或自己的衣服。在舀取食物后，可以在原处暂停片刻，汤汁不会再往下流时，再移回来食用。

暂时不用勺子时，应放在自己的碟子上，不要把它直接放在餐桌上，或是让它在食物中“立正”。用勺子取食物后，要立即食用或放在自己碟子里，不要再把它倒回原处。而如果取用的食物太烫，不可用勺子舀来舀去，也不要用嘴对着吹，可以先放到自己的碗里等凉了再吃。不要把勺子塞到嘴里，或者反复吮吸、舔食。

3. 盘子

盘子的主要作用，是用来暂放从公用的菜盘里取来的菜肴的。用食碟时，一次不要取放过多的菜肴，不要把多种菜肴堆放在一起，看起来既繁乱不堪，又不文雅。不吃的残渣、骨、刺不要吐在地上、桌上，而应轻轻取放在骨碟里，如果骨碟放满了，可以让服务员换。

4. 毛巾

中餐用餐前，会为用餐者上一块湿毛巾。它只能用来擦手。擦手后，应该放回盘子里，由服务员拿走。有时候，在正式宴会结束前，会再上一块湿毛巾。和前者不同的是，它只能用来擦嘴，却不能擦脸、抹汗。

（三）用餐的礼仪

（1）尊重传统　任何国家餐饮，都有自己的传统习惯和寓意，中餐也不例外。比如，过年少不了鱼，表示“年年有余”；和渔家、海员吃鱼的时候，忌讳把鱼翻身，因为那有“翻船”的意思。

（2）注重仪态　坐姿要端正，脚踏在本人座位下，不可任意伸直，手肘不得靠桌缘，或将手放在邻座椅背上；用餐时需温文尔雅，从容安静，不能急躁，不能只顾自己，也要关心别人，尤其要招呼两侧的女宾；口内有食物时，应避免说话；必须小口进食，食物未咽下，不能再塞入口。

（3）举止得体　用餐期间，不要高谈阔论，不要当众修饰，不要离开座位四处走动，还要自觉做到不吸烟；取菜舀汤，应使用公筷公勺；如果没有分菜或是公筷、公勺，夹菜的时候要先看好，切不可用自己的筷子在盘中挑来拣去，甚至搅拌；吃进口的东西，不能吐出来，如是滚烫的食物，可喝水或果汁冲凉；好的吃相是食物就口，不可将口就食物，最好让筷子上的食物在自己的碟中过渡一下，才送入口中；自己手上持刀叉，或他人在咀嚼食物时，均应避免跟人说话或敬酒；“让菜不夹菜”，不要不由分说、擅自做主，主动为别人夹菜、添饭；喝酒宜随意，敬酒以礼到为止，切忌劝酒、猜拳、吆喝；如餐具坠地，可请侍者拾起，并换一干净的即可，不自行清理，更不可以用餐巾擦拭过再继续使用；遇有意外，如不慎将酒、水、汤汁溅到他人衣服上，表示歉意即可，不必恐慌赔罪，反使对方难为情；切忌用手指掏牙，应用牙签，并以手或手帕遮掩；避免在餐桌上咳嗽、打喷嚏、打嗝，如果需要有清嗓子、擤鼻涕、吐痰等举动，尽早去洗手间解决。如果有事要离开，要先和旁边的人打个招呼，可以说声“失陪了”、“我有事先行一步”等。用完餐，餐具务必摆放整齐，不可凌乱放置；餐巾亦应折好，放在桌上。

三、西餐礼仪

（一）餐巾的使用

1. 餐巾的折叠

餐巾是为了在用餐时防止衣服弄脏而准备的，大部分是以没有折痕、皱褶的折法放置于桌上，通常是在点完料理后才将餐巾打开。将餐巾打开后对折，并将开口朝外置于膝上。

2. 餐巾的作用

使用餐巾除了用来擦拭手、手指以外，也可在吐出鱼骨头或瓜果核时，利用餐巾擦拭嘴唇。擦拭嘴唇时，拿起餐巾的末端顺着嘴唇轻轻压一下，弄脏的部分为了不让人看见，可往内侧卷起。将鱼骨头或瓜果核吐出时，可利用餐巾遮住嘴后，用手指拿出来或吐在叉子上后再放在餐盘上；也可以直接吐在餐巾内，再将餐巾向内侧折起。通常服务生会注意到并换上一条新的餐巾。

餐巾不可以用来擦汗或是擦鼻涕，或是将口红整个印在餐巾上。涂了口红的人应在用餐前以面纸轻压。

3. 餐巾的暗示语

暂时要离开座位时，轻轻地将餐巾折好，很自然地放在椅子上。千万不要把餐巾挂在椅背上或是揉成一团放在桌子上。餐巾折好放在桌子上，表示用餐结束，可以离席了。

（二）刀叉的使用

使用刀叉时，要左手持叉，右手持刀；切东西时左手拿叉按住食物，右手拿刀切成小块，用叉子往嘴里送。用刀的时候，刀刃不可以朝外。进餐中途需要休息时，可以放下刀叉并摆成“八”字形状摆在盘子中央，表示没吃完，还要继续吃。将刀叉并排放在盘中，表示已经吃完了，可以将这道菜或盘子拿走。如果席间谈话，可以拿着刀叉，不用放下来，但不要挥舞。不要一手拿刀或叉，而另一只手拿餐巾擦嘴；也不要一手拿酒杯，另一只手拿叉取菜。任何时候，都不要将刀叉的一端放在盘上、另一端放在桌上。

（三）用餐礼仪

1. 餐前的礼仪

在正式用餐前可食用开胃菜或饮用开胃酒，开胃菜可以是蔬菜拼盘或沙拉类菜品；开胃酒则主要是鸡尾酒。

2. 取菜的礼仪

刀可以用来切食物或把食物拨到叉上，叉用来取食物或在切割时固定食物，不可用刀送食物入口。刀仅在切断食物时才使用，如果可以用叉切断的食物就不用刀。用刀叉在盘中切割食物，其大小以食物的任何一部分均完全在口内为宜，不可慢慢吸入或再以叉或匙的帮助而放入口内。一般侍者会将份菜派送到每一位就餐者盘中，如果没有派送，可以用刀叉先取一部分放在自己餐盘中再切，此时不能取食过多；如侍者第二次派送自己不想再吃的菜品时，可以直接拒绝他；若是需要其他食物，而自己又取不到时，可以请同桌其他就餐者递给你，这时语气要委婉，不宜伸手过餐桌中心取任何物品。

3. 进餐的礼仪

西餐进餐全程都可以食用面包，如果涂黄油或果酱，可以先取部分黄油或果酱放在自己的面包碟里，用左手撕下一块刚好可以一次吃下的面包，吃一小块涂一小块，不能将面包全部涂上黄油双手再托着吃；不要叉起来再一口一口咬着吃；不能将面包浸在汤里或用叉子叉着面包吃；如果是烤面包片，不能撕开吃。饮食时不可出声，不可将碗碟端起来吃；不可一次入口食品过多，不可咀嚼声音过大；吃带有骨头的食物如鱼、鸡、牛排等时，要先用餐刀将骨头剥出，切成小块后再食用；吃通心粉时应将面条缠绕在叉上再送入口中；不滑腻的甜点可以用手拿着吃；布丁和冰淇淋应用餐匙取食；西餐的水果可以取到自己的餐盘中来切，再用叉叉着吃；若将食物掉在桌上，要用叉拾起，放在自己餐盘的边缘即可。

4. 席间饮酒礼仪

① 祝酒词通常安排在宾主入座后、用餐前，也可安排在吃过主菜后、甜品上桌之前。西餐宴会的祝酒干杯一般只用香槟酒，而不用啤酒或其他葡萄酒。碰杯后，即使不会喝也要稍饮一点示意一下。如不能饮酒的，在席间可向侍者要水代酒饮用。

② 西餐上酒水的顺序普通情况是在上汤与鱼时，用雪利酒，次上白葡萄酒，再次红葡萄酒，上甜点时或席毕时则饮用香槟酒。

③ 西餐的饭前用酒多采用鸡尾酒。服务员将鸡尾酒上来后，可以补充再点一些菜，以更好地品尝鸡尾酒；西餐的酒水搭配通常讲究“红肉配红酒，白肉配白酒”的原则。食用鱼虾海味的时候，一般配以清淡的白酒，可以使海味更可口；食用禽鸟牲畜肉类食品时，一般饮用醇香的红酒；席毕，一般饮用白兰地或香槟酒，尤其是在庆贺典礼上，最考究的是饮用香槟酒；隆重的宴会上，饮香槟酒时，主人通常要先起立致辞。

④ 西方人饮酒时讲究在品酒香的同时观酒色、闻酒味，故饮酒时往往是小口品啜，仔细感受。

⑤ 席间敬友人的酒，如与友人座位离得较远，不便直接言语时，不要大喊大叫，可以请侍者转告友人，待友人感觉后敬之。

⑥ 其他基本礼仪规范参考中餐饮酒礼仪。

5. 席间体态语礼仪

在正式的宴会桌上常有标示姓名的台位牌，就餐者可以据此与不相识的邻座交谈联系；如果没有台位牌，可以做自我介绍，交换一下名片。进餐时使用餐具尤其是刀叉的动作与声响不要过大，以免影响到他人；进食时要挺直身体，不要倾斜椅凳，不可把手肘支在桌子上或以手托腮，不可附在桌子边缘；不可用嘴去吹或是用匙搅拌比较热的汤；脚不可呈“八”字形向外伸出，不要架起“二郎腿”并随意抖动。

6. 退席礼仪

关于退席礼仪中的信号标志，与中餐礼仪要求基本一致。由于西餐比较讲究就餐者性别平衡，女士优先原则体现得也很明显，所以西餐退席信号一般以女主人的行动为准；男女宾客同时退席时，一般男宾先与男主人告别，女宾先与女主人告别，再交叉告别，最后与其他客人告别；客人在向主人临别致谢时要先向女主人表示感谢。此外，西餐规则，宴会主人退席时不说例如“招待不周”、“准备欠妥”、“无好酒菜”等谦逊的词。

四、饮茶礼仪

我国是茶的故乡，有着悠久的种茶历史，又有着严格的敬茶礼节，还有着特别的饮茶风俗。茶礼有缘，古已有之。“客来敬茶”，是我国最早重情好客的传统美德与礼节。直到现在，宾客至家，总要沏上一杯香茗。开个茶话会，既简便经济，又典雅庄重，所谓“君子之交淡如水”。唐朝刘贞亮赞美“茶有十德”，认为饮茶除了可健身外，还能“以茶表敬意”、“以茶可雅心”、“以茶可行道”。按照我国传统文化的习俗，无论在任何场合，敬茶与饮茶的礼仪都是不可忽视的一环。

1. 奉茶的礼仪

最基本的奉茶之道，就是客人来访马上奉茶。奉茶时应注意：茶不要太满，以八分为宜；水温不宜太烫，以免客人不小心被烫伤。同时有两位以上的访客时，端出的茶色要均匀，并要配合茶盘端出，左手捧着茶盘底部右手扶着茶盘的边缘，从客人右方奉上。

2. 饮茶者的礼仪

注视奉茶者，并诚恳地说声“谢谢”。但若是领导或长辈亲自给你奉茶，则要起身双手恭敬地迎接。喝茶时，不需将杯垫一起端起，以单手端起茶杯，另一手轻扶杯垫，预防杯垫掉落即可。女士喝茶先用化妆纸将口红轻轻擦掉些，以免口红留在杯子上。

3. 绿茶冲泡饮用礼仪

第一道：点香，焚香除妄念。

第二道：洗杯，冰心去凡尘。

第三道：凉汤，玉壶养太和。

第四道：投茶，清宫迎佳人。

第五道：润茶，甘露润莲心。

第六道：冲水，凤凰三点头。

第七道：泡茶，碧玉沉清江。

第八道：奉茶，观音捧玉瓶。

第九道：赏茶，春波展旗枪。

第十道：闻茶，慧心悟茶香。

第十一道：品茶，淡中品致味。

第十二道：谢茶，自斟乐无穷。

4. 红茶冲泡饮用礼仪

(1) 置具洁器　一般来说，饮红茶前，不论采用何种饮法，都得先准备好茶具，如煮水的壶、盛茶的杯或盏等。同时，还需用洁净的水，一一加以清洁，以免污染。

(2) 量茶入杯　通常，结合需要，每杯只放入3～5克的红茶，或1～2包袋泡茶。若用壶煮，则按茶和水的比例量茶入壶。

(3) 烹水沏茶　当量茶入杯后，即冲入沸水。如果是高档红茶，那么，以选用白瓷杯或玻璃杯为宜，以便察颜观色。通常冲水至八分满为止。如果用壶煮，那么，先应将水煮沸，而后放茶配料。

（4）闻香观色　红茶经冲泡后，通常经 3 分钟后，即可先闻其香，再观察红茶的汤色。这种做法，在品饮高档红茶时尤为时尚。

（5）品饮尝味　待茶汤冷热适口时，即可举杯品味。尤其是饮高档红茶，饮茶人需在品字上下工夫，缓缓啜饮，细细品味，在徐徐体察和欣赏之中，品出红茶的醇味，领会饮红茶的真趣，获得精神的升华。

如果品饮的红茶属条形茶，一般可冲泡 2～3 次。如果是红碎茶，通常只冲泡 1 次。

5. 乌龙茶冲泡饮用礼仪

第一步：烫杯温壶。将沸水倾入紫砂壶、闻香杯、品茗杯中，让杯内外保持一定热度。

第二步：洗茶。将茶叶放入茶壶，然后将沸水倒入壶中，又迅速倒出。

第三步：冲泡。功夫茶的冲泡过程中水都高出了壶口，用壶盖拂去茶末，最后盖上壶盖，并用沸水遍浇壶身。

第四步：分杯。茶泡好了，这才开始分杯，用茶夹将闻香杯、品茗杯分组，放在茶托上，再将茶汤分别倒入闻香杯，茶斟七分满，之后才将闻香杯内的茶汤倒在茶杯里。

第五步：品茶。先用双手捧着闻香杯轻嗅其中的余香，然后以三指端起品茗杯，分三口轻啜慢饮，这样一直喝到九杯，这功夫茶才算是品完了全过程。

第九章　职业礼仪

职业礼仪，指职业人员在进行各种与工作相关的活动中，应当遵循的各种礼仪规范。通常包括办公室礼仪、电话礼仪、接待礼仪以及各种社交场所的活动礼仪等。只有认真掌握各项行为规范，才能全面提高办理公务的综合能力，从而塑造组织良好的形象。

第一节　办公室礼仪

办公室是职业人脱不开的办公场所，例如，在办公室处理日常工作、接洽各项业务等。办公室与职业人员的工作密切相关，职业人员在办公室不仅应当保持良好的办公环境，而且要树立良好的个人形象，遵循必要的礼仪规范，从而提升人际交往魅力。

办公室礼仪是指人们在办公场所中应当遵循的一系列礼仪规范。了解、掌握并恰当地应用职场礼仪会使我们的工作左右逢源，我们的事业蒸蒸日上。

一、办公室的布置

办公室是组织的门面，是来访者对组织的第一印象。办公室不同于家里，不需要温馨浪漫；办公室不同于酒店，不需要豪华气派。办公室既是工作的地方，又是社交的场所，对它的布置要求应当是整洁、有序、安全，既能使办公人员感到舒适、提高效率，又能展示出组织的文化，给来访者留下良好的印象。

① 要勤于清理环境卫生。定时处理好纸屑、烟灰等垃圾，保证办公室地面、天花板以及桌面和办公设备的清洁。

② 要保持室内空气清新、光线充足。室内应经常通风换气，办公桌摆放应选择光线好、视野宽阔的地方。

③ 桌面要保持整齐干净。桌面上只摆放必要的办公用品，且分门别类放好。不要将杂志、报纸、餐具、公文包等堆放在桌面上。试想一下，他人看到凌乱的办公桌，会对桌子主人的印象打怎样的折扣。

④ 办公室内的桌椅、文件柜、电脑、复印机等办公设备的摆放，应在安全的前提之下，以方便、高效为原则。

⑤ 办公室可将组织理念、徽标、名人字画、有特殊意义的照片等作为装饰，也可摆放一些盆景、花草等，既美化环境，又能展现文化气息。

二、办公室人员的个人形象

办公室人员不仅是一个个体，更是集体中的一员。无论是对内还是对外，都应体现出对他人、对工作的尊重，因此，身处办公场所的职业人员，其仪容仪表要端庄，行为举止要得体，待人处事要讲究分寸，要与职业人员的身份和工作性质相吻合。

1. 仪容仪表端庄大方

注意个人卫生，发型简洁大方。男士不留胡须，不留长发；女士不蓄长指甲，不披头散发，应略施淡妆。

服饰整洁庄重。在工作中，职业人员的服装应当合乎身份，庄重、朴素、大方。因为办公人员的服饰直接关系到第一印象的好坏，并且在一定程度上体现着自身的教养与素质，所以对它不得不重视。无论男女，上班时都应穿着职业装或工作服，以展现职业人员高雅端庄、自尊自重的形象。

2. 行为举止优雅得体

(1) 真诚微笑　微笑是一种无声的语言，既是对自己的肯定，又是对他人的友善与宽容，是职业人员在工作中最佳心态的展现，也是职业人员的一项职业素养。上班时向领导、同事、客人微笑问好，下班时微笑告别，会为你的工作能力加分。

(2) 体态优雅　在工作中，灵动而潇洒的肢体动作往往胜过美丽的面庞。最受人尊敬和欣赏的往往不是脸蛋最漂亮的人，而是仪态最佳的人。站立、坐下的姿态，行走的风情，举手投足、一颦一笑都是仪态。职业人员在办公室应当注意保持良好的仪态，给人留下正直、积极、自信的印象。弯腰驼背、斜身靠背、慌里慌张、有气无力、慢条斯理，这些行为举止都是缺乏工作能力的表现。更不能在工作期间吃东西、剪指甲、化妆，与同事打打闹闹等。

3. 语言文明友善

① 讲普通话：在工作中尽量不讲方言、土语。

② 用文雅词：职业人员在日常性交谈中，尤其是在公务性交谈中不能讲脏话、讲粗话，更不能讲黑话、讲怪话等。

③ 检点语气：说话的语气应该热情、亲切、和蔼、友善、耐心。在任何情况下，都绝不允许语气急躁、生硬、狂妄、嘲讽、轻慢。

三、办公室的人际关系

办公室职业人员通常与各种各样的人打交道。妥善地协调各种人际关系，高度地重视自己的每一位交往对象，内求团结、外求发展，这不仅是个人能力的体现，更是一名合格的职业人员应当具备的素质。

(1) 与领导相处　在实际工作中，处理好自己与上级的关系尤为重要。要做好这一点，基本要诀有三：一是要服从领导，恪守本分；二是要维护上级的威信，体谅上级；三是要尊重上级，支持上级。

(2) 与同事相处也不容有丝毫的忽略　与平级同事打交道时，一是要相互团结，不允许制造分裂；二是要相互配合，不允许彼此拆台；三是要相互勉励，不允许讽刺挖苦。与下级进行交往时，一是要善于“礼贤下士”，尊重下级的人格；二是要善于体谅下级，重视双方的沟通；三是要善于关心下级，支持下级的工作。

(3) 与客户相处　不论在公，抑或在私，职业人员都有大量机会与外界人士进行交际应酬。要做到既要与人为善，广结善缘，努力扩大自己的交际面，又不忘维护组织形象与个人形象，注意检点自己的举止行为，不失身份。要诀有四：一是待人热诚，二是主动服务，三是不厌其烦，四是一视同仁。

第二节　电话礼仪

电话是被现代人公认为便利的通信工具，在日常工作和社会生活中，使用电话的语言很关键，我们通过电话也能粗略判断对方的人品、性格。因而，掌握正确的、礼貌待人的打电话方法是非常必要的，否则，不仅会影响个人工作，还会有损组织形象。

一、拨打电话礼仪

打电话时虽然双方相互看不见，但说话声音的大小、语调高低、频率快慢、对待对方的态度都可以通过电话传递给对方，所以打电话时首先要用声调表达出你的诚恳和热情，声音要悦耳，音量要适中，这是每一位打电话的人都应遵守的最简单、最起码的礼仪。

1. 选择对方方便的时间

① 公务电话应尽量打到对方单位，最好避开临近下班或刚上班的时间，这时打电话，很可能得不到满意的答复。

② 打国际长途要了解时差。

③ 谈公事不要占用他人的私人时间，尤其是节假日时间。

④ 最好不要在工作时间打社交电话，以免影响他人工作。

⑤ 如无特殊情况，不宜在中午休息和一日三餐的常规时间打电话，以免影响别人休息和用餐；若确有必要打电话时，应注意避开吃饭或睡觉时间，尤其早晨8点钟以前、晚上10点钟以后。

2. 注意控制时间

要掌握电话“3分钟原则”：一次打电话的全部时间应当不超过3分钟。通话时要长话短说，既要积极、热情，又要注意不要因自己而浪费时间，不要在电话里问寒问暖、说长道短，更不能用办公电话煲电话粥。

(1) 事先准备　通话之前，最好把对方的姓名、电话号码、通话要点等通话内容列出一张清单，这样可以避免出现现想现说，缺少条理，丢三落四。

(2) 简明扼要　电话内容应言简意赅，切忌长时间占用电话聊天。职业通话最忌讳说话吞吞吐吐、含糊不清、东拉西扯。寒暄后，就应直言主题，不要讲空话、废话、无话找话、短话长说。

(3) 适可而止　要讲的话已说完，就应果断地终止通话。按照电话礼仪，一般应该由通话双方中地位高者终止通话。如果双方地位平等，那么作为主叫方应该先挂。

3. 注意礼貌

电话接通后，除首先问候对方外，别忘记自报单位、职务、姓名。必要时，应询问对方是否方便，在对方方便的情况下再开始交谈。开口就打听自己需要了解的事情，咄咄逼人的态度是令人反感的。请人转接电话，要向对方致谢。由于某种原因，电话中断了，要由打电话的人重新拨打。通话完毕时应道“再见”，然后轻轻放下电话。

4. 将笑容融入声音

当我们打电话给某单位时，若一接通，就能听到对方亲切、优美的招呼声，心里一定会很愉快，双方对话就能顺利展开，对该单位也就有了较好的印象。打电话时虽然相互看不见，但说话声音的大小，对待对方的态度，包括语调和心情这些看不见的风度表现，都能通过电话传给对方。职业人员应该用声调表达出你的诚恳和热情，声音悦耳，音量适中，这是最简单、最起码的礼貌。打电话时面带着微笑说：“你好，这里是××公司”，不仅能给对方留下好的印象，对方对你所在单位也会有好印象。因此要记住，接电话时，应有“我代表单位形象”的意识。

二、接听电话礼仪

(1) 做好通话准备　接电话之前，应该准备好一些物品，如电话号码簿、电话记录本和记录用笔等。

(2) 接听电话的时机　电话响铃应在两声之后、三声以内接听。一声接起表现出太急迫，而超过三声会让对方失去耐心挂断电话；电话响两声，对接电话的人来说，可以利用这段时间平静自己的情绪，不要将自己的心情毫不掩饰地传递给对方。电话铃响了许久才接电话，要在通话之初向对方表示歉意。无论电话是谁打来的，保持一个平静的心态和愉悦的情绪来接听都是对对方的尊重。

(3) 接听电话的标准礼貌用语　接通电话后应亲切地问候对方："您好!"接下来说出自己的工作单位、部门或姓名。这样做不仅礼貌，还可以帮助对方确认有没有拨错电话号码。接听电话常用的礼貌用语有：您好；请稍等；好的，马上为您转接；对不起，您打错了；需要为您转接吗；请您直接拨打××；请讲；还有什么能帮您的吗，等等。

(4) 接听电话要注意的几个问题

① 接电话时要仪态文雅、庄重，应轻拿轻放。

② 通话之初，应先做自我介绍；自我介绍忌自报头衔、职务，或"××先生、××太太"。

③ 声调要适中，语气要柔和沉稳，多用谦词。

④ 不要在接电话时与旁人打招呼、说话或小声议论某些问题。

⑤ 应尽量让对方结束对话，若确需自己来结束，应解释、致歉。

⑥ 通话完毕后，要向对方道再见，等对方放下话筒后，再轻轻地放下电话，以示尊重。

三、代接电话

在办公室，替别人转接电话是常有的事情，切忌只说一声"不在"就不容分说挂断电话或过分追问对方情况。正确的做法如下。

1. 以礼相待，尊重隐私

当来电话的人说明找谁之后，不外乎三种情况，一是刚好是本人接电话；二是本人在，但不是他接电话；三是他不在办公室。第一种情形，说："我就是，请问您是哪位?"第二种情形，接话人说："他在旁边，请稍候。"第三种情形，接话人则说："对不起，他刚好出去。您需要留话吗?"如果对方不需要留言，不要追问对方姓名，礼貌结束通话即可。例如，"你找他有什么事"，"你是他什么人"，都是非常失礼的表现。

当对方追问要找人的移动电话时，未经本人同意不能相告，婉转告诉对方自己不清楚，请稍候再打过来；或者请对方留下电话号码，让他打过去。

2. 把握分寸，妥善处理

若熟人找领导且领导在的话，就立即转告，让领导接电话。当需要把电话转给领导时，在传达电话前，要清楚表达"××公司××先生打来的电话"，同时，要把从对方得到的消息，简洁、迅速地传给领导，以免对方再重复一次，同时让你的领导有个思想准备。

若是领导不愿接的电话，对于需要搪塞的场合，则应灵活应付，恰当地把握讲话的分寸，按领导意图妥善处理；有时需要机智巧妙，避免给领导接通他所不想接的电话。代接电话者有责任让领导避开浪费时间的、不必要的电话，有责任辨别领导乐于和哪些人通电话，并应通晓如何巧妙地对待他人。如说："对不起，先生，××领导刚离开办公室。"或"我不知何时能找到他。”

若领导正忙或已出差无法接电话时，可让对方留话，表示会主动联系。

3. 记忆准确，做好记录

若对方要找的人不在时，应温和地转告对方，并可主动提出是否需要帮助，是否可找别人讲话以及对方的电话号码等，以便再与其联络，绝不要简单答“他不在”，这样会显得鲁莽而无礼。要是对方有留言，必须确实记住留言内容：何时何人来的电话、有何要事、是否需要回电话、回电话的对象是谁、如何称呼、电话号码等。记完后要复述一遍，并请其放心，一定转告。

4. 及时传达，不可误事

当见到对方所要找的人时，应立刻将电话内容告知对方；或把留言条放到留言对象的桌上，以便他回来时能立刻看到。

千万不要小看这些职业电话的细节。你如果能够很好地运用这些电话礼仪，就能让客户觉得你训练有素、值得信赖。如果公司的每一个员工都有正确得体的电话礼仪，其效果无异于塑造了一个电话里的公司新形象。

第三节 位次礼仪

位次排列，具体所涉及的是位次的尊卑问题。这问题在日常生活和工作中无所不在。不仅开会时候有，很多情况下都有，引导行进、出入电梯、上下楼梯、通过房门、起来落座，都有次序的问题。

在职业活动中，尤其是涉外活动中，位次的排列十分重要。行走、引导、接待、会议、餐饮、乘车等，对不同身份的人都有不同的位次安排。位次安排是否规范，是否符合礼仪的要求，往往代表了对交往对象的尊重和友善。位次排列安排不当，或不符合国际惯例，很容易出现不愉快的场面，会引起不必要的误会，影响合作，对此必须认真对待。

【故事】

经过长期洽谈之后，南方某市的一家公司终于同美国的一家跨国公司谈妥了一笔大生意。双方在达成合约之后，决定为此正式举行一次签字仪式。因为当时双方的洽谈在我国举行，故此签字仪式便由中方负责。在仪式正式举行的那一天，让中方出乎意料的是，美方差一点要在正式签字之前“临场变卦”。原来，中方的工作人员在签字桌上摆放中美两国国旗时，误以中国的传统做法“以左为上”代替了目前所通行的国际惯例“以右为上”，将中方国旗摆到了签字桌的右侧，而将美方国旗摆到签字桌的左侧。结果美方人员恼火不已，他们甚至因此而拒绝进入签字厅。这场风波经过调解虽然平息了，但它给了人们一个教训：在职业交往中，对于位次的礼仪不可不知。

一、行进中的位次礼仪

（1）与客人并排行进时，中央高于两侧，内侧高于外侧，一般要让客人走在中央或者走在内侧。当与客人单行行进时，前方高于后方，以前方为上，如果没有特殊情况，应该让客人在前面行进，引导客人时，宜在左前方引导。

（2）上下楼梯 上下楼梯一般应靠右侧单行行进。基本礼仪是：上楼以前方为上，下楼以后方为上。

（3）出入电梯 出入无人值守的电梯时，陪同者先进后出，客人一般后进先出。陪同者先进后出，就是为了控制开关钮，以防电梯门夹挤客人。如果出入有专人值守的升降式电梯，陪同者则应后进后出。

（4）出入房门 位高者先出入房门，陪同者要为位高者开门；如室内昏暗无灯，空气流通不畅，陪同者宜先入开灯开窗；如果房门向内开，陪同者也宜先入开门。

二、乘车（轿车）礼仪

乘坐轿车礼仪问题主要涉及座次、举止、上下车顺序等三个方面。

1. 座次

① 由主人亲自驾驶轿车时，在双排五人座轿车上，一般前排座为上，后排座为下；以右为尊，以左为卑。座次由尊而卑应当依次是：副驾驶座，后排右座，后排左座，后排中座。

② 由专职司机驾驶轿车时，通常仍讲究右尊左卑，但座次同时变化为后排为上，前排为下。座位由尊而卑依次为：后排右座，后排左座，后座中座，副驾驶座。

2. 乘车礼仪

送上司、客人坐轿车外出办事，应首先为上司或为客人打开右侧后门，并以手挡住车门上框，同时提醒上司或客人小心，等其坐好后再关门。

如果和上司同坐一辆车，座位由上司决定，待其坐定后，再任意选个空位坐下，但注意不要去坐后排右座。

抵达目的地后，应首先下车，下车后，绕过去为上司或顾客打开车门。并以手挡住车门上框，协助上司或顾客下车。

3. 女性如何上下车

① 上车姿势：上车时仪态要优雅，姿势应该为“背入式”，即将身体背向车厢入座，坐定后即将双脚同时缩进车内（如穿长裙，应在关上车门前整理裙摆）。

② 下车姿势：应将身体尽量移近车门，一脚先移出车外踏地，然后将身体重心移至另一只脚，再将整个身体移离车外，最后踏出另一只脚（如穿短裙则应两脚同时踏出车外，再将身体移出，双脚不可一先一后）。

三、会客的位次礼仪

1. 相对式：公事公办，拉开距离

客人与主人对面而坐即称为相对式。相对式位次排列的基本要求是面门为上，也就是面对房间正门者为客位；背对房间正门者为主位。

2. 并列式：平起平坐，表示友善

并列式是指宾主并排而坐。宾主并排而坐，倘若双方都面对房间正门时，具体的要求是以右为上。以右为上是一种国际惯例。以右为上是指宾主之间客人应该坐在主人的右边，而主人应该坐在客人的左边。

四、谈判的位次礼仪

为了表示谈判的严肃性，人们对谈判的位次十分重视。谈判位次的排列，大体上有下列几种情况。

1. 双边谈判

双边谈判位次排列会出现两种情况：横式和竖式。横式即谈判桌在谈判厅里是横着摆放，竖式即谈判桌是竖着摆放。如果谈判桌横放，面对正门的一方为上，应属于客方；背对正门的一方为下，应属于主方；如果谈判桌竖放，应以进门的方向为准，右侧为上，属于客方；左侧为下，属于主方。

在进行谈判时，各方的主谈人员应在自己一方居中而坐。其他人员则应遵循右高左低的原则，依照职位的高低自近而远地分别在主谈人员的两侧就座。假如需要译员，应安排其就座于仅次主谈人员的位置，即主谈人员之右。

2. 多边谈判

所谓多边谈判是指谈判的参加者是三方或者是三方以上。多边谈判的座次排列有两种常规情况，一种是自由式，参加谈判的各方可自由就座；另一种是主席式，也就是面对房间正门设一个主位，谁需要发言，就到主位去发言，其他人面对主位，背门而坐。

五、签字仪式的位次礼仪

1. 双边签字仪式

举行双边签字仪式时位次排列的基本规则包括以下三点：第一，签字桌一般是在签字厅内横放；第二，双方签字者面对房间正门而坐；第三，双方参加签字仪式的其他人员，一般需要呈直线型单行或者多行并排站立在签字者身后，并面对房间正门。通常面对房门，站在右侧的人是客方，站在左侧的是主方；同时中央高于两侧，双方地位高的人站在中间，站在最外面的人地位相对较低；如果站立的签字参加人员有多排，一般还讲究前排高于后排，站在第一排的人地位较高。

2. 多边签字仪式

多边签字仪式的基本规范礼仪要求有三：第一，签字桌横放；第二，签字座席面向门而设，仅为一张；第三，多边签字仪式讲究签字者要按照某种约定的顺序依次签名，区别于双边签字仪式的平起平坐，同时签名。

六、会议的位次礼仪

职业交往中经常会举行一些重要的会议，举行会议时的位次排列就是摆在人们面前不可回避的一个细节。在职业交往中，会议通常可以分为两种，即小型会议与大型会议。

1. 小型会议

举行小型会议时位次排列需要注意以下三点：第一，面门为上，面对房间正门的位置一般被视为上座；第二，以右为上，坐在右侧的人为地位高者（在国内的政务交往中采用我国传统做法，以左为尊，而国际惯例则以右为尊，职业礼仪遵守的是国际惯例）；第三，小型会议，通常只考虑主席之位，但同时也强调自由就座，例如主席可以不坐在右侧或者面门而坐，也可以坐在前排中央的位置，强调居中为上。

2. 大型会议

大型会议应考虑主席台、主持人、发言人位次。主席台之位次排列，第一，前排高于后排；第二，中央高于两侧；第三，右侧高于左侧（国内政务会议则为左侧高于右侧）。主持人之位，一般居于前排最右侧。发言席一般可设于主席台正前方或者其右前方。

第四节 介绍礼仪

介绍是日常交往和商务场合中相互了解的基本方式，是社交和接待活动中普遍的礼节，是人际交往的一座桥梁。通过介绍，可以拉近人与人之间的距离，创造良好的沟通机会，从而更好地进行交流。

一、介绍应遵循的顺序

介绍的先后顺序是个礼节性很强的问题，一般应按照如下通行的规则进行。

1. 把男士介绍给女士

在社交场合，当介绍陌生男女相识时，介绍人通常是把男士领到女士面前，把男士介绍给女士。在介绍过程中，女士的名字应先被提到，然后再提男士的名字。如“王小姐，我来给你介绍一下，这位是张先生”。

2. 把年轻者介绍给年长者

把年轻者介绍给年长者，以示对长者、前辈的敬重。如“李伯伯，让我来介绍一下，这位是我的同事张晓阳”，或“王阿姨，这位是我的表妹赵茜”。

3. 把职位低者介绍给职位高者

在社交场合，不分男女老少，一般是以社会地位和职位高低作为社交礼仪的衡量标准。在被介绍相识的两人或几人中，如有一位地位或职位比别人高的，应将别人先介绍给这位地位和职位高的人。

4. 把未婚者介绍给已婚者

在被介绍双方的性别相同，年龄、身份相当的情况下，一般应将未婚者介绍给已婚者。但是，如果未婚者的年龄大于已婚者时，则应将已婚者介绍给未婚者，以示对长者的尊重。

5. 把主人介绍给客人

在主客双方身份相当的情况下，应先介绍主人，再介绍客人，以示对客人的尊敬。

6. 把晚到者介绍给先到者

在被介绍的两人中，有先来后到时，应遵循“先者为大”的原则，即应把晚到者介绍给先到者。

7. 同性别，年龄、地位相同的平等介绍

在介绍的双方同性别，年龄、身份相等，又同为未婚或已婚时，其介绍的先后顺序没有任何意义。

总之，介绍的普遍原则是：受到尊重的一方，有了解对方的优先权。在社交场合，地位优先，女士优先；在职业场合，职位优先，长者与女士一般不具有优先权，只有当两人职位相当的时候，才遵从长者或女士优先的原则。

【思考】

在社交场合，有不同性别、不同年龄、不同身份地位、未婚已婚的人，该如何介绍？在职业场合呢？

二、自我介绍

自我介绍，即指在社交场合或职业场合，出于人际沟通和业务需要，在无人介绍的情况下，自己为自己进行的介绍，以使他人认识自己的方法。这是人际交往中常用的一种介绍方式，也是在必要情况下十分有效的沟通途径，在某种意义上讲，它是打开人际交往大门的一把钥匙。

1. 自我介绍的适用情形

(1) 本人希望结识他人　因为某种需要，或在多人聚会的情况下，希望与一位素不相识的人认识，但又无人引荐，只有自己充当介绍人作自我介绍，直截了当地将自己介绍给对方。此种情况下自我介绍的方法有两种：一种是采取主动的自我介绍方式，一般做法是，先向对方问好或点头致意，待对方有所反应后，再简单向对方介绍自己的姓名、身份、单位；另一种是采取被动的自我介绍方式，可先婉转地询问对方："您好！请问我该怎样称呼您?"待对方作完自我介绍后再顺势介绍自己。

(2) 本人希望他人了解自己　到外单位联系工作或求职时，为了让别人了解自己、认识自己，往往也需作自我介绍。这时的自我介绍既是一种礼貌，也是更进一步交流及达到自己目的的前提和基础。

(3) 他人希望结识自己　在别人对你感兴趣，向你点头致意，并作自我介绍时，出于礼貌，你应向对方作自我介绍，使对方的自尊受到尊重。

(4) 为了表示对主人的礼貌　在社交场合有条不成文的规定："如果你是主人的朋友，那你就负有与主人的其他朋友交谈的义务。"在朋友家与多位客人相遇，且你与其他客人又不相识，如果主人无法抽身或忘记了介绍，你作为主人的朋友就应首先作一下自我介绍，表明自己的身份，这样既可打破沉默，又便于彼此交谈。

(5) 当主人忘记介绍你的时候　当主人忘记把你介绍给你的邻座，或因你迟到，主人又没有把你介绍给在座的客人，你可向邻座作自我介绍，也可先请教邻座"您贵姓?"，在对方回答后再作自我介绍。

2. 自我介绍的基本程序及原则

自我介绍的基本程序是：先向对方问好或点头致意，然后再向对方介绍自己的姓名、身份和单位（即自我介绍三要素），同时可以递上事先准备好的名片；如对方表现出有认识自己的愿望，则可在此基础上，再简略地介绍自己的籍贯、学历、志趣、专长及与某人的关系。但若是应酬性的自我介绍，只需介绍自己的姓名即可。自我介绍总的原则是简明扼要，所用时间越短越好。

3. 自我介绍应注意的问题

(1) 自我介绍应及时准确　当你叩开别人的家门或办公室门，见到陌生的主人时，应首先向主人问好，及时、简明、明确地作自我介绍，说明来意，并向对方致歉"很抱歉，来得太仓促，事前没同您联系"。千万不可沉默或语无伦次，使主人心里不愉快或对你产生怀疑。

(2) 自我介绍应将自己的姓名、身份说清楚，以便别人称呼你，并要等对方也作过自我介绍后才可与之交谈。交谈开始时，应多谈别人，少谈自己，等彼此有了一定的感情沟通后，再详细地作自我介绍。

(3) 自我介绍应把握好态度，要实事求是，既不要过分谦虚，又不要自吹自擂。介绍用语要留有余地，不宜用"最"、"极"、"特别"、"第一"等表示极端的词语。

(4) 作自我介绍时要面带微笑，充满自信和热情，要善于用眼神表达自己的友善与关切，做到胸有成竹、落落大方；介绍时还要注意自己的语音、语速和语调，做到语气自然、语速正常、语音清晰、从容不迫，让对方产生好感。

第五节 名片礼仪

名片在中国已有2000多年的历史，产生于秦汉时期。在现代，名片早已成为人际交往、建立联系的一个重要工具。没有名片的人，将被视为没有社会地位的人。换言之，国际交往中拿不出名片的人，人家怀疑你是真是假，有没有地位。一个不随身携带名片的人，是不尊重别人的人。名片不仅要有，而且要随身携带，以备不时之需。

一、名片的主要作用

名片是一个人身份的象征，当前已成为人们社交活动的重要工具。在人际交往中，名片的用途主要有如下几种。

1. 自我介绍

初次会见他人，以名片作辅助性自我介绍，效果最好。它不但可以说明自己的身份，强化效果，使对方难以忘怀，而且还可以节省时间，避免啰里啰唆、含糊不清。

2. 结交朋友

没有必要每逢遇见陌生人，便递上自己的名片。换言之，主动把名片递给别人，便意味着对对方的友好、信任和希望深交之意。也就是说，巧用名片，可以为结交朋友“铺路架桥”。

3. 维持联系

名片犹如“袖珍通讯录”，利用它所提供的资料，即可与名片的提供者保持联系。正因为有了名片上所提供的各种联络方式，人们的“常来常往”才变得更加现实和方便。

4. 业务介绍

公务式名片上列有归属单位等内容，因此利用名片亦可为本人及所在单位进行业务宣传，扩大交际面。

5. 通知变更

利用名片，可以及时地向老朋友通报本人的最新情况。如晋升职务、乔迁新居、变换单位、电话改号之后，可以印有变更的新名片向老朋友打招呼，以使彼此联系畅通无阻，对方对自己的有关情况了解得更加充分。

二、使用名片的礼仪

1. 递送名片

递送名片时，名片从名片盒中抽出，且名片盒最好放在上衣的胸兜里，避免由裤子后方的口袋掏出。递送时应起身站立，上身呈15°鞠躬状，面带微笑，走近对方，正面朝向客人，恭敬地用双手的拇指和食指分别握住名片上端的两角送到对方面前。递送时可以口头表示“我叫×××，这是我的名片，请笑纳”或“请多关照”之类的话。因各国习惯不同，有的国家习惯右递左接或左递右接，如与外宾交换名片，可先留意对方如何把名片递过来，随后再跟着模仿。

应注意，辈分较低者，率先递出个人的名片；到别处拜访时，经上司介绍后，再递出名片；名片不随意涂改，不可递出污旧或皱折的名片。

2. 接受名片

接受他人名片时，应起身站立，面带微笑迎向对方，恭敬地用双手的拇指和食指接住名片的下方两角，并轻声说："谢谢"，"能得到您的名片十分荣幸"。当着对方的面，用 30 秒以上的时间仔细通读对方的名片；不懂之处应当即请教："尊号怎么念?"

若一次同许多人交换名片，又都是初识，那么最好依照座次来交换，并记好对方的姓名，以防搞错。在公共场合如欲索取他人名片，可以礼貌地说："以后怎样向您请教"、"以后怎样同您保持联系"。自己无意送人名片时，可婉转地说："对不起，名片未带。"

3. 名片存放

接过别人的名片切不可随意摆弄或扔在桌子上，也不要随便地塞在口袋里或丢在包里，更不可放在裤子的后口袋，应郑重其事地将名片放入自己携带的名片盒或名片夹之中，或放在西服左胸的内衣袋。要像尊重主人一样爱惜他的名片，避免在对方的名片上书写不相关的东西，千万不要弄脏或弄皱，或反复拿捏。

【故事】

经过洽谈，某公司与另一家公司初步达成协议。客人告别离开时，看见主人把自己的名片随意压在茶杯底下，而且主人没有把客人送到楼下，而是说了句："好走，不送。"客人刚出门，主人就"嘭"地把门关上。第二天，公司接到对方电话，他们已经与另一家公司签约。

第六节 职业接待与拜访礼仪

迎来送往，拜访会晤，是职业活动中常见的情景。正确的礼仪运用，对组织间建立联系、发展友谊、沟通合作有着极其重要的作用。

一、职业接待礼仪

1. 迎接礼仪

迎来送往，是社会交往接待活动中最基本的形式和重要环节，是表达主人情谊、体现礼貌素养的重要方面。尤其是迎接，是给客人良好第一印象的最重要工作。给对方留下好的第一印象，就为下一步深入接触打下了基础。迎接客人要有周密的部署，应注意以下事项。

① 对前来访问、洽谈业务、参加会议的外国、外地客人，应首先了解对方到达的车次、航班，安排与客人身份、职务相当的人员前去迎接。若相应身份的主人不能前往，前去迎接的主人应向客人作出礼貌的解释。

② 最好到车站、机场去迎接客人，或者到单位门口迎接，至少要到办公楼门口迎接，切不可坐在办公室等候。

③ 主人到车站、机场去迎接客人，应事先准备好交通工具，提前到达，恭候客人的到来，绝不能迟到让客人久等。

④ 接到客人后，应首先问候"一路辛苦了"、"欢迎您来到我们这个美丽的城市"、"欢迎您来到我们公司"等。若是初次见面，应向对方作自我介绍，并送予对方名片。

⑤ 应事先了解客人是否自己联系好住宿，如果需要应提前为客人准备好住宿，帮客人办理好一切手续并将客人领进房间，同时向客人介绍住处的服务、设施，将活动的计划、日程安排交给客人，并把准备好的地图或旅游图、名胜古迹等介绍材料送给客人。

⑥ 将客人送到住地后，主人不要立即离去，应陪客人稍作停留，热情交谈，谈话内容要让客人感到满意，比如客人参与活动的背景材料、当地风土人情、有特点的自然景观、特产、物价等。考虑到客人一路旅途劳累，主人不宜久留，让客人早些休息。分手时将下次联系的时间、地点、方式等告诉客人。

2. 接待礼仪

① 客人要找的负责人不在时，要明确告诉对方负责人到何处去了，以及何时回来。请客人留下电话、地址，明确是由客人再次来访，还是我方负责人到对方单位去。

② 客人到来时，要会见的人由于种种原因不能马上接见，要向客人说明等待理由与等待时间。若客人愿意等待，应该向客人提供饮料、杂志等。

③ 接待人员带领客人到达目的地，应事先安排路线，要有正确的引导方法和引导姿势。

④ 遇到不速之客前来拜访，应态度和蔼地请对方报上姓名、单位、来访目的等基本资料后，请示领导，由领导决定是否会见。如领导不在，可以委婉地让他们把材料留下，回头请领导过目。领导如果感兴趣，再及时、主动地和他们联系。

⑤ 诚心诚意地奉茶。我国人民习惯以茶水招待客人，在招待尊贵客人时，茶具要特别讲究，倒茶有许多规矩，递茶也有许多讲究。

3. 送客礼仪

俗话说："迎人迎三步，送人送七步。"作为职业人员，必须认识到送客比接待更为重要。遵守送客礼仪，可以给对方留下美好印象，千万不要因为送客这一环节造成虎头蛇尾、前功尽弃的局面。

① 当客人提出告辞时，要等客人起身后再站起来相送，切忌没等客人起身，自己先于客人起立相送；客人没有伸手相握告别，主人不可先伸手，更不能嘴里说再见，而手中却还忙着自己的事，甚至连眼神也没有转到客人身上。每次见面结束，都要以将再次见面的心情来恭送对方回去。

② 当客人起身告辞时，应马上站起来，主动为客人取下衣帽，同时选择最合适的言辞送别，如"希望下次再来"等礼貌用语。尤其对初次来访的客人更应热情、周到、细致。

③ 在客人来访时看表，会给人以下"逐客令"的感觉，在会客时即使想要知道时间，也应回避客人。

④ 当客人带有较多或较重的物品，送客时应帮客人提重物。

⑤ 与客人在门口、电梯口或汽车旁告别时，要目送客人上车或离开，要以恭敬真诚的态度笑容可掬地送客，不要急于返回，应鞠躬挥手致意，待客人移出视线后，才可结束送客仪式。试想一下，当客人走完一段再回头致意时，发现主人已经不在，心里是不是会很不是滋味？

⑥ 送客返身进屋后，应将房门轻轻关上，不要使其发出声响。

二、职业拜访礼仪

职业人员为了交流信息、沟通感情、增进友谊，经常进行职业拜访。职业拜访通常有三种类型：一是为工作而进行的事务性拜访；二是因礼尚往来而进行的礼节性拜访；三是为沟通感情而进行的私人拜访。在拜访过程中，必须注意以下几点。

1. 注重预约

① 一定要在到访前先联络妥当，让对方有思想准备，提前安排，以免扑空或扰乱主人

的计划，不告而访非常失礼。

② 拜访应该选择恰当的时机。如果是进行事务性拜访，应选择上班时间，但不宜周一早上前去拜访，因为这是大家最忙的时候。进行礼节性拜访，则应选择对方上班比较空闲的时间，但不宜逗留时间过长。进行私人拜访，应该选择对方休息的时间，但不宜在对方用餐、午休、晚休的时间进行。

2. 守时守约

① 预约好拜访时间，应准时赴约，让对方无故干等是严重失礼的。如果遇堵车等特殊情况，必须通知对方。

② 要控制时间，最好在约定时间内完成访谈，如果客户表现出有其他要事的样子，千万不要再拖延，如为完成工作，可约定下次拜访时间。

3. 举止文明

① 到客户办公室前，最好先稍事整理服装仪容。如果是重要客户，记得先关掉手机。

② 名片与所需的资料要先准备好。

③ 在等待时要安静，不要走来走去、东张西望，不要打扰别人工作，更不可随意翻阅主人桌上的东西。

④ 讲究敲门的艺术。要用食指敲门，力度适中，间隔有序敲三下，等待回音。如无应声，可再稍加力度，再敲三下。如有应声，应侧身隐立于右门框一侧，待门开时再向前迈半步，与主人相对。

⑤ 主人不让座不能随便坐下。主人让座之后，要口称“谢谢”，然后采用规矩的礼仪坐姿坐下。主人递上烟、茶要双手接过并表示谢意。如果主人没有吸烟的习惯，要克制自己的烟瘾。主人献上果品，要等年长者或其他客人动手后，自己再取用。即使在最熟悉的朋友家里，也不要过于随便。

⑥ 起身告辞时，要向主人表示“打扰”之歉意。出门后，回身主动伸手与主人握别，说“请留步”。待主人留步后，走几步，再回首挥手致意说“再见”。

第七节 礼品馈赠礼仪

礼品，在职业活动中是一个非常常见的交往的媒介。礼品馈赠既可以增进人与人之间的了解，又可以表达出自己待人的友善之情。懂得送礼技巧，不仅能达到大方得体的效果，还可增进彼此感情。

一、选择礼品

1. 宜选的礼品

在馈赠之间，要对礼品进行认真选择，既要考虑受礼一方的性别、年龄、文化、宗教、爱好，又要切合职业交往的具体情境，最好能够既为受礼者所喜爱，又具有商业价值。

(1) 宣传性　在职业活动中，选择礼品往往是为了推广宣传组织形象，既注重实用价值，也注重宣传价值。在考虑受礼者的喜好前提下，所馈赠的礼品应能达到使对方记住自己，记住自己的单位、产品和服务的目的。

(2) 独特性　礼品一定要有特点，应对受礼者有充分的了解，有针对性地进行选择，否则不但不会给对方带来惊喜，反而会弄巧成拙。

(3) 文化性　选择礼品不一定要昂贵，但一定要具有独特的地域性、文化性才能给受礼者以深刻的印象。

(4) 时尚性　选择礼品应与时俱进，不能太落伍，更不能太廉价。粗制滥造之物或过季商品有敷衍对方之嫌。

(5) 针对性　要根据馈赠目的选择礼品，如公司庆典一般送鲜花，慰问病人可以送鲜花、营养品、书刊，朋友生日送卡片、蛋糕，节日庆祝送健康食品、当地特产，旅游归来送人文景观纪念品、当地特产，走亲访友送精致水果、糖酒食品等；要根据馈赠对象选择礼品，考虑彼此的关系现状，如亲缘关系、地缘关系、性别关系、友谊关系、文化习惯关系、偶发性关系等；要了解受赠对象的爱好和需要，如给书法爱好者送文房四宝，给音乐爱好者送乐器等。

2. 忌选的礼品

① 大额现金或金银珠宝，可能隐含发生违法乱纪行为的礼品，往往会被拒绝。

② 有违交往对象民族习俗、宗教信仰、伦理和生活习惯的礼品。送礼前一定要先了解受礼者的文化与宗教背景，否则会造成双方不欢而散，严重时会影响到双方的合作。

③ 自己不喜欢的礼品。选择的礼物，首先自己要喜欢，你自己都不喜欢，别人怎么会喜欢呢?

④ 带有明显广告标志和宣传用语的物品。虽说送礼往往与组织宣传相结合，但礼品过分注重宣传有利用对方之嫌，会令受礼者心情不快。

⑤ 重复送同样的礼品。为避免几年选同样的礼物给同一个人的尴尬情况，最好每年送礼时做一下记录。

二、赠送礼品

1. 赠送时间

(1) 最佳时机　节假日、对方重要的纪念日、喜庆日。

(2) 具体时间　作为客人，应在双方见面之初送上礼品；作为主人，则应在客人离去的前夜或告别宴会上送上礼品。有时也在会客室互赠礼品。

2. 赠送地点

(1) 公务交往　在公务场合赠送，比如办公室、写字楼、会见厅。

(2) 私人交往　私人居所。

3. 赠送方式

(1) 应加以包装　包装意味着重视，否则给人敷衍了事的感觉。外国人对包装格外重视，包装成本一般不低于礼物价值的三分之一，否则会降低礼物的档次，失礼于对方。

(2) 应适当说明　当把所选择的礼物赠送给他人时，要进行必要的说明。比如礼品的含义、具体用途、与众不同之处等，使交往对象加深对礼品的印象，同时接受礼品赠送人的善意。

(3) 应由在场地位最高者出面赠送　由位高者向客人赠送礼品，体现出礼轻情重之意。

三、接受礼品

1. 受赠

(1) 态度大方　如果准备接受别人礼品，就没有必要再三推辞，否则反而会让对方觉得你不够诚恳。

(2) 拆启包装 在外国人看来，礼品如果带有包装而受礼者不当面打开看，就等于怠慢送礼者，不重视对方赠送的礼品。但中国人正好相反，当面拆看礼品是不礼貌的行为。

(3) 欣赏礼品 接受礼品不仅要打开看一看，而且要加以欣赏，如果是可以穿戴的礼品，应立刻使用、穿戴，否则对方就会有热情被冷漠拒绝的感觉。

(4) 表示谢意 接受礼品时，要表示感谢。接受贵重礼品后，回到家中还要再次打电话或写感谢信表示感谢。

2. 拒绝

不熟悉的人送的极其昂贵的礼品，隐含着发生违法乱纪行为的礼品，接受后或许会受到对方控制的礼品，应加以拒绝。

(1) 说明拒绝原因 比如身份不允许，单位规定不允许等，否则会令人感到好心没好报。

(2) 要表达谢意 即便拒绝了对方的礼品，也要感谢对方的好意。

(3) 态度要友善 拒收礼品时，务必要讲究方式方法，不要让对方难堪。更不能态度生硬，质问、斥责、教训对方。如当时在场人多，应将礼品收下，过后再交还对方，并口头或书面解释理由。

四、鲜花礼仪

在人际交往中鲜花为礼，是最保险、最易于使双方皆大欢喜的一种馈赠选择。职业人员要掌握有关奉献鲜花的礼仪，主要应当对有关送花时机、送花形式、花卉寓意等三个方面的具体规范详加了解。要强调的是，送花以送鲜花为佳，尽可能地不要以发蔫的花或干花送人。

(一) 送花时机

1. 例行的送花时机

(1) 喜礼之用 与自己相熟的人士结婚、生子、做寿、乔迁、升学、晋职等诸般喜事，均可以赠送鲜花作为喜礼，恭喜对方。

(2) 贺礼之用 参与某些应表示祝贺之意的活动。

(3) 节庆之用 节假日或开业庆典、年会、公司成立周年纪念等，都可以赠花庆贺。

(4) 慰问之用 当对方或其家人遇到不幸或挫折时，或是遇到其他一些天灾人祸时，应前去慰问，并赠以鲜花。

(5) 丧葬礼之用 当关系亲密者或者其家人举办丧事、葬仪时，可送以鲜花，以寄哀思。

(6) 祭奠礼之用 当祭祖、扫墓时，可以花为礼，追思、缅怀故人或表示自己的哀思。

2. 巧用的送花时机

在如下情况，用鲜花赠送于对方，会令人耳目一新，增进双方的关系。

(1) 迎送 当对方来访或告别，向其赠送一束鲜花，可以巧妙、委婉地向对方表达自己的热情、友谊。

(2) 做客 前往他人居所做客时，以鲜花为礼较为恰当。

(3) 致歉 因为自己的差错而与其他人产生了矛盾、误解甚至隔阂，可以通过向其赠送鲜花来表示歉意，必要时还可附以道歉卡。

（二）送花形式

送花的形式分为两种，即以人来区分和以花来区分。

1. 以人区分

以人来区分送花的形式，通常可将其区分为本人亲送、代表转送、雇人代送等三种。

（1）本人亲送　是送花最基本的形式。

（2）代表转送　由代表转送鲜花，一般是赠送人因故不能到场时所作的一种选择，有时这种赠送方式也可以起到由代表表达赠送者难言之隐的独特作用。

（3）雇人代送　自己难以分身，或是为了刻意制造一种气氛，可以委托鲜花店或是邮政局等，代替自己上门送花。

2. 以花区分

依照所送花的形式不同，送花又可以分为送束花、篮花、盆花、插花、饰花、花环、花圈等。

（1）束花　又叫做花束，是以新鲜的数支切花捆扎成束，精心修剪或包装而成的一种鲜花组合，是适用面最广、应用最多的一种。

（2）篮花　又叫做花篮，是以形状各异的精编草篮，按一定的要求，盛放一定数量的新鲜切花组成。与赠送束花相比较，赠送篮花显得更隆重、更高档，其最适宜的场合有开业、演出、祝寿等。

（3）盆花　是栽种在专门的花盆里，主要用做观赏的花草。送人的盆花，可以是自养的心爱之物，也可以是特意买来的珍稀品种。送盆花的最佳时机，有登门拜年、祝贺乔迁以及至交互访等。赠送的对象，最好是老年人、爱花者以及居所具备一定空间而又有侍养花卉时间的人士。

（4）插花　指的是运用一定的技巧，将各种供观赏的鲜花在精心修剪之后，经过认真搭配，然后插放在花瓶、花篮中。插花主要适用于“孤芳自赏”、装饰居室、布置客厅或会议室，同时也可以赠与亲朋好友。

（5）饰花　最常见的饰花有襟花、头花等。襟花可用于各类社交场合，而头花则仅限于非正式场合使用。除亲朋好友外，饰花一般不宜送人，但是，襟花在某些庆典、仪式中，则可以统一发放。

（6）花环　多用于自我装饰，表演舞蹈，迎送贵宾，有时亦可以赠人。在国外，其受赠对象通常是贵宾或好友。

（7）花圈　是指用花扎成的固定的圆状祭奠物。它仅用在悼念、缅怀逝者的场合，例如参加追悼会、扫墓等。

（三）花卉寓意

鲜花常作为友谊、幸福、爱情与和平的象征。在日常交往中，人们往往以送鲜花的方式表达敬意和礼节。有些鲜花的寓意是相传已久、人所共知、广为沿用的，这就是所谓鲜花的通用寓意，即花语。所谓花语，指借用花卉来表达人类的某种情感、愿望或象征的语言。简言之，花语，就是借花所传之意，以花类比之情。

花语一旦形成并被人们接受之后，便流传开来，形成惯用的礼仪规范，不能自造花语，也不许篡改花语。

常用的花语主要有以下几类。

1. 表示情感

用表示勤勉的红丁香，表示谨慎的鸟不宿和表示战胜困难的菟丝子组合而成的花束赠与友人，可表示："君如奋斗，必将成功"。

用表示成婚的常春藤，表示结合的麦藁和表示羁绊的五爪龙组合而成的花束赠与新婚者，可表示："同心相爱，永不分离"。

用表示分别的杉枝，表示祝愿的香罗勒和表示勿忘的胭脂花组合而成的花束赠与远行之人，则可表示："为君祝福，君勿忘我"。

2. 表示国家

一些国家目前拥有各自的国花。所谓国花，是指以某种鲜花来表示国家，作为国家的一种标志和象征。国花通常代表国家形象，人人对国花必须尊重、爱护，既不宜滥用国花，也不可失敬于国花。

3. 表示城市

与许多国家拥有国花一样，许多城市也拥有自己的市花。所谓市花，是指用来代表本市、作为本城市标志或象征的某一种鲜花。如北京、天津的市花是月季、上海的市花是白玉兰、厦门的市花是三角梅、香港特别行政区的区花是紫荆花等。

4. 民俗寓意

(1) 品种　在我国，梅花是春的大使，荷花系夏的伴侣，菊花为秋之娇客，水仙乃冬之仙女。康乃馨视为母亲花，用于母亲节、教师节及传统节日。剑兰视为迎宾花，用于庆典。参加婚礼可送并蒂莲，祝愿夫妻恩爱、白头偕老。亲友生日，可以用康乃馨、玫瑰花组成的花束相送。如年轻人生日，可送石榴、杜鹃、象牙红，意含火红年华、前程似锦。清明扫墓，为寄托思念可送一支白色或红色康乃馨。看望长辈，送长春花，表示健康长寿；送水仙花，表示吉祥；送兰花，表示正气长存；送桃花，表示长寿幸福。白色、紫色的菊花常用于葬礼。

在接待活动中，由于风俗习惯不同，同一品种的鲜花，往往在民俗寓意上大为不同，所以必须特别注意鲜花的民俗寓意。

例如，在我国，牡丹表示富贵吉祥，百合寓意百年好合。在西方，玫瑰象征爱情，康乃馨则表示伤感或拒绝，单独送人时必须慎之又慎。菊、莲和杜鹃，在国内口碑甚佳，在涉外交往中却不宜用作礼品。菊花在西方系"葬礼之花"。莲花在佛教中有特殊的地位，杜鹃则被视为"贫贱之花"，用于送人也难免发生误会。中国人赞赏的荷花，在日本则表示死亡。在我国的广东、海南、港澳地区，送人金橘、桃花，会令对方笑逐颜开；而以梅花、茉莉、牡丹花送人，则必定会招人反感，因为在那里人们爱"讨口彩"，金橘有"吉"，桃花"红火"，所以来者不拒；而梅花、茉莉则音同"霉"、"没利"，故人们往往避之唯恐不及。

(2) 色彩　鲜花的色彩丰富，由于习俗不同，人们对于鲜花的色彩也有着不同的理解。在我国，红色的鲜花是最受欢迎的喜庆之花，因为在中国的民俗里，红色象征大吉大利、兴旺发达；白色的鲜花则常用于丧礼。但在西方人眼里，白色鲜花象征着纯洁无瑕，将其送与新娘，是对她的至高赞赏。中国人颇为欣赏的黄色鲜花，是不宜送给西方人的，因为他们认为黄色暗含断交之意。巴西人认定紫色是死亡的征兆，故对紫色鲜花比较忌讳。

再如，在很多国家，人们送花时多以多色鲜花相组合，很少会送人清一色的红花或黄花；原来，在那里以纯红色的鲜花送人意味着向对方求爱，以纯黄色的鲜花送人则暗示决定与对方分道扬镳。

(3) 数量　送花的具体数量，在不同国家、地区的民俗中，是各不相同的。中国人讲究送花时数目越多越好，双数吉利。喜庆活动中送花要送双数，意即“好事成双”，在丧葬仪式上送花则要送单数，以免“祸不单行”。在日本、韩国、朝鲜，以及中国的广东、海南、香港、澳门、台湾地区，送“4”支花给人，会招人白眼，因为其发音与“死”相近。

在西方国家，人们认为只要意思到了，一支鲜花亦可胜过一束。送人的鲜花则讲究单数，尤其是男士送鲜花给关系普通的女士时，数目宜单，否则便是指望与人家“成双成对”了。比方说，送1支鲜花表示“一见钟情”，送11支鲜花则表示“一心一意”，只有作为凶兆的“13”，才是例外。

【资料】 了解“花卉语”

◆ 荷花——纯洁

◆ 红玫瑰——爱情

◆ 百合——圣洁、幸福

◆ 康乃馨——健康长寿

◆ 毋忘我——永志不忘我

◆ 菊花——长寿高洁

◆ 红掌——大展宏图

◆ 金鱼草——繁荣昌盛

◆ 粉风信子——倾慕、浪漫

◆ 万年青——友谊

◆ 兰花——优雅

◆ 剑兰——步步高升

◆ 松柏——坚强

◆ 橄榄枝——和平

◆ 梅花——刚毅不屈

◆ 竹子——正直

◆ 红茶花——质朴、美德

◆ 牵牛花——爱情

◆ 丁香花——谦逊

◆ 情人节（2月14日）送红玫瑰表达情人之间的情感。

◆ 母亲节（5月的第二个星期日）送粉红色的香石竹（康乃馨）。象征“母亲之花”、“神圣之花”。

◆ 父亲节（6月的第三个星期日）送秋石斛为主。菊花、向日葵、百合、君子兰、文心兰等象征“尊敬父亲”、“平凡也伟大”。

参 考 文 献

[1] 余世维．有效沟通．北京：北京大学出版社，2009.
[2] 姜晓敏．人际沟通与礼仪．第2版．上海：华东师范大学出版社，2007.
[3] 邓丽萍．礼仪与生活．上海：华东师范大学出版社，2009.
[4] 吴海侠，高琳．商务沟通与谈判．北京：化学工业出版社，2010.